LES NOUVEAUX MYSTÈRES DE LA BIBLE

92, avenue de France
75013 Paris
Tél. : 01 44 16 09 00
Fax : 01 44 16 09 01
www.plon.fr
www.lisez.com

Conception graphique et mise en pages : Graph'M
Photogravure : Apex Graphic

Dépôt légal : novembre 2022
ISBN : 978-2-259-31459-6

LES NOUVEAUX MYSTÈRES DE LA BIBLE

PLON

Sommaire

UNE FASCINANTE *histoire*

Interroger la Bible et ses protagonistes, c'est inévitablement interroger Dieu. La croyance en une puissance divine relève du choix et de la liberté individuelle. Mais évoquer la question de son existence, voilà qui concerne chacun d'entre nous.

La Bible, c'est ce livre, unique entre tous, qui prétend raconter l'histoire de Dieu, ou plus précisément l'entrée de Dieu dans l'histoire. Pour les croyants, il s'agit même du livre écrit par Dieu en personne. Quel que soit le crédit que l'on accorde à son contenu, sa simple évocation ne laisse jamais indifférent. Elle fascine les uns, exaspère les autres. On l'aime ou on la rejette. Elle a le pouvoir de rassembler et de diviser.

Les quelque trois cent mille mots qui la composent ont nourri durant plus de deux millénaires les hommes de toutes les nations. Munie de ce mystérieux pouvoir qu'elle seule possède, la Bible a renversé des religions nées depuis la nuit des temps, jeté à terre des dynasties de rois, bousculé des codes sociaux établis depuis des dizaines de milliers d'années.

Mais la révolution qu'elle a provoquée a d'abord agi sans tonnerre ni fracas. En silence, pas à pas, elle s'est glissée dans les sociétés antiques telle une marée sur une grève rocheuse – sans rien détruire, en apparence, des structures qui les composaient. Par quelle magie ?

Pour le comprendre, après les mystiques et les croyants, les historiens, les archéologues se sont mis au travail. Depuis les fantastiques fouilles du XIXe et surtout du XXe siècle, ils ont trouvé dans le sol des traces qui accréditent certaines parties du récit biblique. Depuis, les savants sont allés jusqu'à questionner toutes les affirmations de l'Ancien et du Nouveau Testament avec l'appui de la science. Au cours de leurs recherches, les archéologues vont de surprise en surprise. Certaines découvertes sont effarantes. En voulant inspecter le tombeau du Christ, aucun des instruments de mesures ne fonctionne comme on l'attend. Ils tombent en panne, ou rapportent des données incompréhensibles. Le mystère, loin d'être dissipé, s'en trouve épaissi.

Dans leur recherche qui prend au fil du temps l'apparence d'une quête, les archéologues vont partir sur les pas de Jésus. Essayer de comprendre ce qu'a été sa jeunesse, dont les Évangiles ne disent quasiment rien. Où a-t-il exercé le métier de charpentier que son père Joseph lui a transmis ? Ne serait-ce pas dans cette étonnante ville de Sepphoris, à trois quarts d'heure de marche de Nazareth, qu'il aurait fait ses premiers pas de prêcheur ?

Certains sites sont restés tels qu'ils étaient voici deux mille ans. On n'y a rien construit. Une simple balayette suffit pour mettre au jour une mosaïque, un gobelet de terre cuite, un morceau de tissu qu'aurait pu porter saint Pierre ou Marie-Madeleine.

Si l'existence de Jésus en tant que personnage historique n'est contestée par personne, qu'en est-il de ses miracles ? A-t-il pu véritablement multiplier les pains et les poissons pour nourrir cinq mille personnes, comme l'affirment les Évangiles ? Où se déroula ce miracle ? N'y a-t-il pas une explication rationnelle à ce prodige ? Car enfin, avec la meilleure volonté du monde, on voit mal comment cinq pains et deux poissons auraient pu rassasier des milliers d'hommes ! L'archéologie est bien démunie dans le cas présent. Il reste que dans la Bible, les affaires de chiffres sont toujours soumises à une codification particulière. La numérologie hébraïque donne d'autres pistes que la science. Par exemple, lorsqu'il s'agit de vérifier si le Christ a vraiment séjourné quarante jours dans le désert, sans manger ni boire, il faut savoir que le chiffre 40, dans la tradition juive, est hautement symbolique : il est l'addition de 12, chiffre du cycle solaire, et de 28, chiffre du cycle lunaire. Il est donc une conjonction des deux principaux astres qui gouvernent nos jours et nos nuits. Il représente l'idée de totalité. Un simple symbole donc, qui ne revêt sans doute aucune réalité concrète.

De la même façon, le nombre de poissons pêchés lors de la « pêche miraculeuse » doit être pris comme un code. L'Évangile nous dit que ce jour-là, les disciples ramènent 153 poissons dans leurs filets. 153 est un chiffre magique : la somme des cubes de chacun des chiffres qui le composent donne encore 153. $1^3 + 5^3 + 3^3 = 153$. Le chiffre 3, présent trois fois comme exposant, représente la présence mystérieuse de la Trinité dans la quantité de poissons pêchée ce jour-là.

Si les récits bibliques donnent finalement peu de prise à l'exercice de la science, les reliques héritées de l'époque de Jésus sont en revanche une manne pour les archéologues. Il y a fort à faire, d'abord, pour déterminer, entre autres vestiges, les chances d'authenticité de telle couronne d'épines plutôt que de telle autre. S'agissant du linceul qui aurait recouvert le corps du Christ, le célébrissime suaire de Turin, c'est une autre affaire. La controverse a battu son plein durant des décennies. D'abord authentifié par diverses caractéristiques spécifiques de la Judée des premiers siècles, il est ensuite révélé comme un faux du XIVe siècle par le carbone 14. Puis, coup de théâtre ! On se rend compte que l'analyse a été mal faite. Qu'en est-il aujourd'hui ? N'oublions pas que l'Église, de son côté, n'a jamais canoniquement évoqué une « relique », s'agissant du Saint-Suaire, mais « une icône ».

Les mystères de la vie et de la mort de Jésus sont des vases communicants, qui amènent à interroger la descendance dont il se dit issu. Si Jésus est vraiment de la lignée du roi David et de Salomon, quel est son lien avec l'Arche d'alliance ? Car enfin, s'il est fils de Dieu, il a nécessairement un rapport quelconque avec cette Arche qui, pour les juifs, manifeste la présence même de Dieu ! Et comme il est impossible de trouver le corps de Jésus, puisque les Évangiles affirment qu'il est monté au Ciel, ne serait-il pas plus simple de retrouver l'Arche d'alliance elle-même ? Elle est forcément conservée quelque part.

Certains écrits la situent dans le temple de Salomon, quand d'autres affirment qu'elle se trouve sous la cathédrale de Chartres. Là encore, le mystère touche aux croyances. D'autant que le temple de Salomon, s'il se trouve comme beaucoup le supposent sous l'esplanade des Mosquées de Jérusalem, ne pourra jamais faire l'objet d'aucune investigation, sainteté du lieu oblige. Dans le Coran, toucher à cet endroit est « *harām* ».

Dans ce livre, les chercheurs tentent de se consoler en partant à la recherche des légendaires mines de cuivre du même roi. Salomon, immensément riche, avait nécessairement découvert un gisement qui avait fait sa fortune. Sur ce chapitre, les découvertes vont être stupéfiantes. Au cœur du désert du Néguev, l'archéologie met au grand jour les preuves d'une intense activité minière, débris de fours, restes calcinés de terre cuite, et, chose incroyable, morceaux de tissus intacts, dont les couleurs ont traversé trois millénaires quasiment sans ternir.

Dans les années qui ont suivi la mort de Jésus, de nouvelles énigmes ont surgi, et sont devenues d'épais mystères. Lors de son dernier repas, entouré de ses apôtres, les Évangiles rapportent qu'il a consacré du pain et du vin, et les a partagés en affirmant : « ceci est mon corps », « ceci est mon sang ». Pour les chrétiens, ces mots constituent le cœur de la foi. Catholiques et orthodoxes considèrent que ce pain et ce vin consacrés par Jésus sont véritablement son corps et son sang, à l'exclusion de toute portée simplement symbolique (cette dernière interprétation est celle d'une partie des protestants). Si tel est le cas, qu'est devenue la coupe qui a servi à recevoir ce précieux sang ? De quelle matière était-elle faite ? Plusieurs églises d'Europe affirment la posséder : l'une d'elle détient-elle la vraie ?

Au Moyen Âge, des écrivains comme Chrétien de Troyes ont fait naître une étonnante légende : muni de la coupe du dernier repas, Joseph d'Arimathie aurait recueilli le sang du Christ en croix. C'est sous le nom de *Graal* que cette coupe sera connue dès le XIIIe siècle. Où pourrait-elle se trouver ?

Toutes ces interrogations participent d'une curiosité d'esprit bien légitime. De nos jours, la preuve scientifique a valeur de vérité : l'homme de l'époque de Jésus voulait des signes, celui d'aujourd'hui veut un test ADN. Mais les deux, à deux mille ans d'intervalles, sont sujets au doute. Dans les Évangiles, les disciples sont parfois durs à convaincre. Jésus marche sur l'eau, on le prend pour un fantôme ; il guérit les malades, on le traite de démon ; de passage dans son village natal, personne ne veut l'écouter. Mais on le connaît, celui-là ! C'est le fils de Marie et du charpentier, pour qui se prend-il ? Il ressuscite, et un disciple comme Thomas exige de le voir et de toucher ses plaies pour le croire.

L'archéologue, à la différence de saint Thomas, ne veut pas toucher pour croire, mais pour comprendre. Ambition plus prudente, sans doute. Les Évangiles rapportent à ce sujet un épisode éloquent. Alors que l'entourage de Jésus lui demande des preuves de tout ce qu'il avance, il répond : « vous n'aurez d'autre signe que le signe de Jonas ». Rappelons que dans la Bible, Jonas est ce prophète qui, pour échapper à un ordre donné par Dieu, prend la mer et se retrouve englouti dans le ventre d'une baleine, trois jours et trois nuits durant.

Le signe de Jonas, c'est donc une absence totale de signe ! Vous voulez des preuves ? Eh bien, vous vous retrouverez plongé dans une nuit encore plus épaisse que celle dans laquelle vous étiez avant de vous interroger. Au fond, n'est-ce pas être condamné à sombrer dans la nuit de notre propre incrédulité, pour sonder les abîmes de notre propre existence ?

Ce qui frappe dans toutes ces questions, encore sensible au XXe siècle à travers l'expérience de la petite Lúcia et de la vierge de Fátima, c'est la permanence de cette inquiétude sur l'au-delà qui, quoiqu'on fasse, reste tapie au fond de nous. Finalement, parvenus au seuil du troisième millénaire, tout se passe comme si les religions, reniées par les hommes à cause de leurs outrances et de leurs crimes, avaient laissé place, au lieu d'un simple vide, à une profonde nostalgie de Dieu.

Mais tout de même, quelle aventure que celle de la Bible et du christianisme !

Dès les premiers siècles de notre ère, le polythéisme a quasiment disparu du bassin méditerranéen. Le Dieu unique s'est imposé. Il a fait disparaître tous ses rivaux. Yahvé, dieu des juifs, avait combattu les idoles égyptiennes et mésopotamiennes. Jésus, Dieu des chrétiens, chasse les dieux du panthéon gréco-romain, avant qu'Allah, Dieu des musulmans, ne vienne s'imposer dans tout le monde arabe.

Ces trois religions ont fait le monde tel qu'il est aujourd'hui, pour le meilleur comme pour le pire. Bien des choses les divisent. Elles sont séparées par des fossés considérés par leurs clergés respectifs comme infranchissables. Mais, fait étonnant, pour ne pas dire incroyable, elles sont indissolublement unies par certains chapitres d'un seul livre : la Bible. La Torah des juifs, l'Ancien Testament des chrétiens, le Coran des musulmans ont en commun de nombreux épisodes de l'histoire biblique. Ils évoquent, et parfois révèrent les mêmes personnages. Parmi eux, Salomon et Jésus occupent une place de choix. Salomon est vénéré comme un grand roi chez les musulmans, sous le nom de *Souleyman*. Quant à Jésus, s'il est la pierre d'angle qui divise chrétiens et juifs, il apparaît dans le Coran comme le prophète Isa, né miraculeusement d'une vierge, Mariam-Marie.

Durant des siècles, ces croyances se sont imposées sans que personne ne vienne contester leur fondement historique. Au Moyen Âge, l'idée ne serait venue à personne de remettre en cause l'existence de Jésus-Christ ou d'Allah, sans conséquence douloureuse, voire fatale. Chez les juifs, l'équation est plus simple : ils sont le peuple de Dieu, le peuple de l'Alliance ; Dieu est inscrit dans leur chair. On peut remettre en question l'existence d'un dieu lointain et invisible, mais le nier quand il a laissé une trace dans votre propre chair, voilà qui est impossible : l'épisode biblique de la lutte de Jacob avec l'Ange a définitivement donné le ton de la foi juive. « Tu seras appelé Israël, car tu as été fort contre Dieu. »

Passent le premier millénaire, puis le Moyen Âge. Une nouvelle venue s'invite dans le monde occidental : la Raison. Jusque-là, elle se tenait bien tranquille sous le talon de la Foi. On la croyait domestiquée. Et puis, alors que personne ne l'a vraiment convoquée, elle apparaît, au début de la Renaissance. Sans doute les hommes, excédés de voir que ce Dieu auquel ils avaient tout subordonné n'intervenait ni pour faire cesser les guerres, ni pour arrêter les épidémies, ont-ils estimé qu'il avait des comptes à rendre à sa créature.

Sans remettre en question son existence, on a commencé à se dire qu'on allait s'attaquer aux problèmes que le « Tout-Puissant » n'avait pas réussi à régler. Au XVIIIe siècle, le divorce avec Dieu est consommé. L'homme, libéré de cette tutelle qui lui pesait, prend son destin en main.

Pour exercer sa raison, il va se doter d'une arme redoutable, jusque-là subordonnée à la foi : la science. Durant la première moitié du XIXe siècle, on va s'appliquer à mettre en pièces tous les principes fondateurs des religions. La tâche est considérable, tant la société européenne est imprégnée de spiritualité et de religiosité. Au seuil du XXe siècle, l'Europe est une terre nouvelle, libre de la tutelle judéo-chrétienne, où peuvent s'exercer librement tous les courants de pensée. Pourtant…

Si Dieu a été évincé, la question de son existence reste d'actualité. Et comme la science, cette nouvelle divinité à laquelle on a décidé de tout sacrifier, a fait une somme de miracles bien plus convaincants que ceux dont la Bible a voulu nous bercer, on va lui demander de vérifier l'authenticité de tout ce qui est contenu dans le Livre des livres. L'entreprise peut étonner. Comme si, après avoir liquidé un persécuteur honni, on voulait s'approcher de son corps, et s'assurer, en le triturant avec tous les instruments de mesure adéquats, qu'il soit bien mort.

Au début du XXe siècle, un vent de folie s'est déchaîné lors de la découverte par Howard Carter du tombeau de Toutankhamon. On s'est aperçu à l'époque qu'un monde gisait sous nos pas. Mais on a pris conscience aussi que les héros mythiques des temps anciens pouvaient soudain réapparaître à nos yeux, par la magie de l'archéologie. Toutankhamon n'était plus seulement un vague bas-relief représentant un pharaon au nom bizarre : on venait de trouver son char, ses cannes, ses pantoufles, et même ses jouets d'enfant.

Non seulement il avait donc bel et bien existé, mais il s'amusait petit comme n'importe quel garçonnet, ne marchait pas pieds nus et boitait ! Il nous devenait aussi proche que notre voisin de palier.

Après un tel événement, il n'est pas étonnant que l'archéologie se soit passionnément jetée sur les mystères contenus dans la Bible. Là, il ne s'agissait plus de retrouver les traces d'un simple pharaon, mais de Dieu lui-même.

Tout le monde s'y met, à commencer par les sujets du IIIe Reich. Avides de s'emparer d'une force qui assurerait sa pérennité, ils partent d'abord à la recherche de l'Atlantide, en vain. Au grand dam d'Himmler, qui croyait dur comme fer que les Aryens étaient les derniers Atlantes. Puis les nazis se mettent dans l'idée de trouver le tombeau de Salomon, qui contiendrait un objet détenteur d'un pouvoir magique : l'Arche d'alliance. C'est, nous disent les Évangiles, un trait de caractère propre aux démons que de croire en Dieu et en sa puissance, bien plus que le commun des mortels.

Mais au milieu des centaines de personnages qui composent la Bible, c'est bien sûr Jésus qui suscite le plus d'intérêt. Celui qui, à lui seul, a été l'origine d'un bouleversement planétaire interroge forcément. Les Évangiles qui rapportent son geste nous parlent des miracles qu'il aurait accomplis, et bien sûr de sa résurrection, après sa mort sur la Croix.

La terre où Jésus a vécu est aussi celle où se passent presque tous les épisodes de la Bible. Là-bas, sous le soleil brûlant du désert, le temps est comme arrêté. Une chance pour l'archéologie, qui peut espérer trouver des vestiges de toutes sortes, préservés de la corruption et du pillage, dans ces endroits où ne survivent que les serpents et les scorpions.

Munis de tout l'attirail scientifique d'aujourd'hui, qui permet de repérer une simple poussière derrière un mur de granit, de déterminer avec précision l'âge d'un simple tesson de poterie, ou de découvrir la provenance d'un pollen vieux de deux mille ans, on peut espérer résoudre bien des énigmes. La basilique de la Nativité, à Bethléem, abrite-t-elle vraiment le lieu où Jésus est né ? L'église du Saint-Sépulcre contient-elle le tombeau véritable du Christ ? Où se trouve la ville de Cana, lieu où Jésus fit son premier miracle en changeant l'eau en vin ? Autant de questions auxquelles les pages qui suivent tentent de répondre.

Clémentine Portier-Kaltenbach

SUR LES PAS *de Jésus*

Depuis deux mille ans, il est peut-être l'homme le plus célèbre du monde. La religion qu'il a contribué à fonder rassemble plus de deux milliards de fidèles. Son nom est cité à la fois dans la Torah, dans la Bible et dans le Coran. Les musulmans le considèrent comme un prophète, les chrétiens comme l'incarnation de Dieu lui-même. Mais derrière la figure religieuse du Christ se cache un homme bien réel, Jésus de Nazareth, dont l'existence est désormais reconnue par la quasi-totalité des historiens.

Dans la Palestine du Ier siècle de notre ère, Jésus fut un prédicateur juif, porteur d'un message nouveau fondé sur un Dieu d'amour, à partir duquel s'est développée la foi chrétienne. Pour comprendre l'existence de l'homme que les chrétiens considèrent comme leur sauveur, il est nécessaire de décrypter les réalités tangibles qui se cachent derrières certains aspects théologiques décrits par les Saintes Écritures, et d'inscrire les événements dans le contexte de la Judée du Ier siècle, marquée par les tensions liées à la domination romaine.

Depuis sa naissance jusqu'à son exécution, de nombreuses énigmes demeurent autour de Jésus.

D'emblée, cette quête d'un Jésus historique se heurte à un problème majeur, à savoir que la principale source d'information se trouve dans les Évangiles. Or, les écrits des évangélistes ne sont en aucun cas des comptes rendus objectifs, mais bien des témoignages de foi, rédigés une ou deux générations après les événements qu'ils relatent, à partir de la tradition orale des premiers chrétiens. Les auteurs de ces œuvres ont un objectif doctrinal et théologique, non une préoccupation historique. De sorte que l'historicité – c'est-à-dire l'attestation par l'histoire – des événements qui y sont décrits reste très faible, hormis pour quelques épisodes bien avérés comme la Crucifixion. Mais même pour cet événement fondamental, la portée théologique du texte ne fournit qu'une image biaisée de la réalité. Heureusement, l'étude de la vie de Jésus peut aujourd'hui s'appuyer également sur la science historique et sur de nombreuses découvertes archéologiques. Loin de vider la foi chrétienne de son sens, cette démarche objective et rationnelle fournit sur Jésus de Nazareth un nouvel éclairage, en l'enrichissant d'une réalité supplémentaire et de nouveaux questionnements.

Depuis sa naissance jusqu'à son exécution par les autorités romaines, de nombreuses énigmes demeurent autour de la personne de Jésus de Nazareth. Quelle est la part historique dans la vie de cette figure messianique ? Les lieux saints vénérés par les chrétiens sont-ils réellement ceux de la naissance et de la mort du Jésus historique ? Enfin, comment résoudre le mystère de la disparition de son corps ? Entre mystères de la foi et science historique, c'est à une véritable enquête exégétique qu'il faut se livrer pour marcher dans les pas de Jésus de Nazareth, le prédicateur juif qui, en pleine Antiquité romaine, a changé le cours de l'histoire mondiale.

Bethléem ou Nazareth ?

D'après les dogmes chrétiens, Jésus serait né à Bethléem, à l'emplacement aujourd'hui occupé par l'église de la Nativité. À l'intérieur de ce sanctuaire, l'un des plus importants du monde chrétien, se trouve encore la grotte que les chrétiens révèrent comme le lieu où la Vierge Marie aurait enfanté le Christ, et même l'emplacement de l'auge dans laquelle le nouveau-né aurait été déposé. Pourtant, aucun Évangile ne précise que la Nativité s'est déroulée à l'intérieur d'une grotte. Ce n'est qu'au IIe siècle de notre ère que le thème de la grotte apparaît, dans les écrits de Justin de Naplouse et dans l'Évangile apocryphe de Jacques. Alors, la grotte de l'église de la Nativité est-elle réellement le lieu de naissance de Jésus ?

Marie et Joseph se seraient rendus à Bethléem pour donner naissance à Jésus.

C'est ici, à l'emplacement de la basilique de la Nativité, que selon la tradition chrétienne, Jésus serait né.

La question mérite d'autant plus d'être posée que Luc et Matthieu sont les seuls, parmi les quatre évangélistes, à situer la naissance du Christ à Bethléem, un village de Judée situé à quelques kilomètres au sud de Jérusalem. Toutes les autres sources primaires désignent simplement Jésus comme Jésus de Nazareth, du nom d'un village de Galilée situé à cent kilomètres au nord de Jérusalem, où il vivait avec sa famille. De sorte qu'il est bien plus vraisemblable que Jésus soit né à Nazareth ou dans un village voisin. Certes, l'évangéliste Luc précise que Joseph et Marie se seraient trouvés à Bethléem le jour de la naissance en raison d'un recensement organisé par l'autorité romaine, qui aurait obligé Joseph à se déplacer dans la ville de ses ancêtres pour y être enregistré. Mais plusieurs réalités historiques contredisent cette assertion. D'abord, durant le règne d'Hérode le Grand, la Judée n'est pas encore soumise directement à l'administration romaine. En outre, le premier recensement de ce type a été organisé par Quirinius, en l'an 6 après J.-C., ce qui serait en contradiction avec le reste de la chronologie connue de Jésus. Enfin et surtout, seuls les citoyens romains étaient concernés par les recensements organisés par Rome, tandis qu'il n'existe aucun exemple de recensement romain impliquant de se rendre dans la ville de ses ancêtres. L'idée d'une naissance à Bethléem reposant uniquement sur ce recensement illusoire semble donc bel et bien résulter d'une complète invention de la part des rédacteurs des Évangiles de Luc et de Matthieu.

Si les deux évangélistes tenaient tellement à faire de Bethléem le lieu de naissance du Christ, c'est en raison d'une prophétie figurant dans la Bible hébraïque : selon le prophète Michée en effet, le sauveur des Juifs, le futur roi d'Israël, le nouveau David enfin, devait naître à Bethléem.

Faire naître Jésus à Bethléem, c'était donc l'assimiler à ce Messie annoncé par le prophète Michée, et en faire le Sauveur des hommes. Mais tout invite à penser qu'en réalité, Jésus est né à Nazareth ou dans un village voisin, où habitaient ses parents.

La mystérieuse « source Q »

Les trois premiers Évangiles (ceux de Marc, Matthieu et Luc) sont qualifiés de « synoptiques » car ils comportent globalement les mêmes épisodes, à la différence de celui de Jean, qui se montre plus original. Or l'analyse du contenu des Évangiles de Matthieu et Luc a permis de déterminer que ces deux textes reprennent à la fois le contenu de celui de Marc, dont la rédaction est un peu plus ancienne, et celui d'un document indéterminé et aujourd'hui perdu, qualifié par les chercheurs de « source Q ». Cette source prenait nécessairement la forme d'un écrit probablement rédigé en grec, car une simple tradition orale ou un texte rédigé dans une autre langue n'expliqueraient pas les très fortes similarités de tournures existant entre les passages des Évangiles de Matthieu et Luc inspirés de cette source. Enfin, le contenu de la « source Q » peut être en partie connu en analysant les passages communs aux Évangiles de Matthieu et Luc, et absents de l'Évangile de Marc. Ce travail montre que cette source n'évoquait aucun événement de la vie de Jésus, pas même sa naissance ou sa crucifixion, et qu'elle constituait un recueil exclusivement consacré aux propos et à la doctrine de Jésus. Les spécialistes estiment que ce document aurait été rédigé autour de l'an 50, c'est-à-dire seulement une vingtaine d'années après la mort de Jésus, et une vingtaine d'années avant la rédaction de l'Évangile de Marc, le plus ancien des quatre.

Une date de naissance remise en question

La date de la naissance de Jésus de Nazareth est fixée par convention à l'*Anno Domini*, c'est-à-dire à l'an 1 de notre calendrier, qui marque le début de l'ère chrétienne. Mais la situation temporelle de cette *Anno Domini*, dont l'usage ne s'est imposé qu'à partir du XIe siècle, repose sur les travaux réalisés au VIe siècle par le moine Denys le Petit, et qui s'avèrent erronés. En réalité, tout indique

Tout indique que Jésus ne serait pas né en l'an 0.

que Jésus est né quelques années avant la date choisie pour le début de l'ère chrétienne. Les historiens situent généralement sa naissance entre l'an 9 et l'an 2 avant J.-C. En effet, s'ils ne fournissent aucune date précise, les évangélistes affirment que Jésus serait né sous le règne d'Hérode le Grand, roi de Judée et client de l'Empire

Les mages auraient été guidés par l'étoile de la Nativité, dite aussi « étoile de Bethléem ».

romain. Or, d'après les écrits de l'historien Flavius Josèphe, Hérode serait mort en 4 avant J.-C., ou éventuellement en 3 ou en 2, en fonction des différents calculs possibles. Le début de l'activité de prédicateur de Jésus n'apporte guère de précision supplémentaire, car si différents indices permettent de situer ce commencement de prédication vers l'an 27 ou 28, Luc est le seul à préciser que Jésus est alors âgé d'« environ trente ans ».

Parmi les autres indices mobilisés par les historiens figure l'épisode – mentionné par Matthieu uniquement – de la visite des Mages, venus rendre hommage à Jésus quelques jours après sa naissance. Or ces Mages auraient été guidés par l'étoile de la Nativité, dite aussi « étoile de Bethléem ». Si cet épisode semble bien dénué de toute historicité, on sait toutefois qu'en l'an 7 avant J.-C. s'est produit un événement astronomique exceptionnel : une triple conjonction de Mars, de Jupiter et de Saturne, c'est-à-dire qu'à trois reprises dans l'année ces planètes se sont fortement rapprochées dans le ciel, au point de peut-être donner l'illusion d'une seule étoile très brillante. Cet événement qui ne se produit qu'une fois tous les neuf cents ans environ a été considéré par certains comme l'explication scientifique de l'étoile de la Nativité. Cependant, les calculs des astrophysiciens actuels montrent qu'en réalité ce rapprochement des planètes ne fut pas si spectaculaire, car Mars, Jupiter et Saturne restaient visuellement séparées par un intervalle équivalent à deux diamètres de lune… D'autres

L'image traditionnelle d'un Jésus aux longs cheveux blonds et aux yeux bleus est illusoire.

événements astronomiques intervenus à la même époque ont parfois été envisagés également, mais la nature légendaire du récit des Rois mages dans son ensemble montre que ces indices archéo-astronomiques restent inutilisables pour établir une datation précise.

Enfin, aucun Évangile ne précise la date à laquelle aurait eu lieu la Nativité, ni même la période de l'année concernée. Dès les premiers siècles de notre ère, cette date est l'objet d'une grande disparité en fonction des différentes communautés chrétiennes : rien qu'à Alexandrie, à la charnière du IIIe siècle, certains la célèbrent – les dates sont données ici selon leur équivalent dans le calendrier grégorien – le 20 mai, d'autres le 19 ou le 20 avril, d'autres encore le 18 novembre. Enfin, certains commémorent le baptême du Christ, et non sa naissance, le 6 ou le 10 janvier. Ce n'est qu'en l'an 354 que le pape Libère fixe la date de Noël au 25 décembre, et cela de façon à permettre un synchrétisme avec certaines fêtes païennes qui se déroulaient autour du solstice d'hiver, comme celle de la divinité *Sol Invictus* (littéralement « Soleil invaincu »). La période se prêtait parfaitement à la symbolique de la lumière qui imprègne la religion chrétienne, puisque le solstice d'hiver marque le début de l'allongement de la durée du jour. Ainsi la naissance de Jésus est-elle assimilée à une nouvelle lumière rayonnant sur le monde, un nouveau Soleil, ce qui rendait d'autant plus facile l'assimilation de la célébration de *Sol Invictus*, tout en renforçant l'identification de Jésus au Messie annoncé comme le « soleil de justice » par le prophète Malachie. L'ancienne date du 6 janvier devint alors, pour l'Église romaine, celle de la célébration de l'Épiphanie, et celle du baptême du Christ pour les Églises d'Orient. Seule l'Église arménienne apostolique a conservé le 6 janvier comme date de la Nativité.

La conception virginale est-elle plausible ?

Dans le sillage des Évangiles de Matthieu et de Luc, les chrétiens estiment que, n'ayant pas connu d'union charnelle avec Joseph, Marie a enfanté le Christ tout en demeurant vierge. C'est la thèse de la conception virginale, une croyance commune aux chrétiens et aux musulmans.

Pour les esprits rationalistes, il ne peut s'agir que d'un mythe pur et simple, sauf à imaginer une conception virginale au sens médical du terme, c'est-à-dire une autofécondation d'un ovule, un phénomène qui est théoriquement possible en cas de division cellulaire anormale si elle se double de rares anormalités biochimiques. Mais les chances pour qu'il en résulte un embryon viable sont quasiment nulles, car cela nécessite au moins deux délétions génétiques elles-mêmes excessivement rares. Plus fréquente est la fécondation accidentelle sans pénétration vaginale, mais elle requiert tout de même la présence de semence masculine, donc de relations sexuelles. Il est alors plus probable que la thèse de la conception virginale ait été inventée par Matthieu et Luc.

Pourquoi les évangélistes ont-ils tenu à mentionner cet aspect, alors même qu'ils semblent embarrassés par cette donnée, peu crédible au premier abord ? Une réalité rationnelle se cacherait-elle derrière la conception virginale ? Dans ce cas, le plus probable serait que Marie ait été enceinte avant même son mariage avec Joseph, qui l'aurait épousée pour la sauver de l'indignité. L'explication se rapprocherait ainsi de la tradition musulmane, qui souligne le caractère miraculeux de la naissance de Jésus sans père connu, et considère Joseph comme un cousin de Maryam (Marie). La thèse est étayée par une mention de Matthieu,

La thèse de la conception virginale est une croyance commune aux chrétiens et aux musulmans.

qui explique que Joseph, étonné par la grossesse de Marie avant même leur mariage, aurait proposé de rompre les fiançailles. Enfin, l'hypothèse d'un père inconnu et d'un sauvetage de la situation par Joseph semble confortée par les rumeurs lancées par des Juifs non chrétiens à propos d'une naissance illégitime de Jésus – rumeurs relayées notamment par le philosophe romain Celse au IIe siècle. C'est probablement pour répondre à ces accusations que Luc et Matthieu ont rapporté la tradition de la conception virginale.

Au-delà de ces considérations toutefois, les grandes religions attribuent à leur fondateur une naissance miraculeuse, pour mieux mettre en avant sa nature d'exception. Ces naissances ne sont d'ailleurs pas rares dans la tradition biblique depuis Abraham et Sarah. Rien d'étonnant à ce que l'histoire de Jésus ne déroge pas à ce principe, qui permet d'autant mieux l'assimilation du Christ avec le roi des Juifs annoncé par Michée.

Le massacre des Innocents est-il une invention ?

L'Évangile de Matthieu est le seul à relater l'épisode du massacre des Innocents : averti de la naissance d'un roi des Juifs, le roi Hérode aurait ordonné le massacre de tous les enfants en bas âge de Bethléem.

Une fois encore l'historicité de cet événement est mise en doute, d'abord parce qu'il n'est mentionné par aucun historien antique fiable. Les défenseurs de la tradition pourront certes objecter que, rapporté à la faible population de Bethléem à l'époque, le massacre n'aurait concerné sans doute qu'une dizaine de nourrissons environ, ce qui pourrait expliquer qu'il soit passé inaperçu des historiens. En outre, certaines sources mentionnent des actes de cruauté d'Hérode, qui avait fait exécuter sa femme ainsi que d'autres membres de la famille royale et de la cour. Flavius Josèphe mentionne en outre un massacre d'enfants commis par Hérode, mais sans le lier à Jésus, et dans un ouvrage peu fiable destiné à dénigrer les prédécesseurs du pouvoir romain en Judée. Mais si l'historicité du massacre des Innocents est remise en cause, c'est d'abord et avant tout parce que tout laisse à penser que la naissance de Jésus eut lieu en Galilée, et qu'Hérode était roi de Judée. L'épisode aurait donc été simplement inventé par Matthieu pour faire de Jésus le symbole des justes et des innocents, et probablement en s'inspirant d'un passage de l'Ancien Testament dans lequel Pharaon fait exécuter tous les nouveau-nés israélites.

Toujours selon Matthieu, Joseph prévenu par un ange aurait alors pris la fuite avec sa famille pour que Jésus échappe à la tuerie. Réfugiés en Egypte, ils y seraient

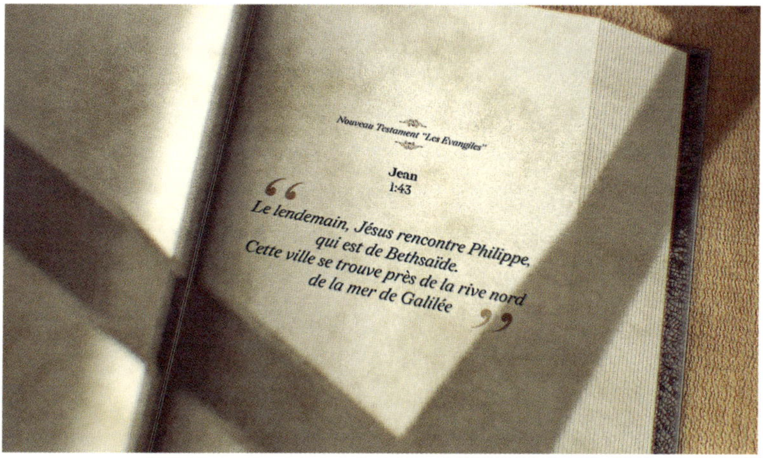

Comment savoir si un fait est historiquement vrai ?

Les Évangiles ayant été rédigés dans un but apologétique et théologique, mais non historique, leur historicité doit être en permanence interrogée. Plusieurs critères permettent – lorsqu'ils sont réunis – d'établir l'historicité d'un fait. Parmi les plus importants figurent :

• l'attestation multiple. L'authenticité d'un élément est d'autant plus probable s'il est reporté par plusieurs sources indépendantes les unes des autres, tout particulièrement lorsque ces sources n'appartiennent pas aux Écritures ;

• la dissimilitude par rapport à la tradition juive. Lorsqu'un élément ou un épisode trouve une correspondance trop directe dans l'Ancien Testament, il est suspect d'être le résultat d'une simple réécriture ; à l'inverse, un élément totalement original ne peut être soupçonné d'une telle démarche ;

• l'embarras ecclésiastique. Lorsqu'un fait semble plonger les rédacteurs du Nouveau Testament dans un certain embarras (car peu explicable rationnellement, ou peu cohérent avec les démonstrations apologétiques qu'ils tentent d'établir), alors les chances pour qu'il comporte un fond d'authenticité sont d'autant plus élevées.

restés jusqu'à la mort d'Hérode. L'épisode n'a une fois encore aucune historicité. Il a probablement été inventé par Matthieu pour concorder avec une prophétie émise par Osée dans l'Ancien Testament, selon laquelle Dieu « aurait appelé son fils hors d'Égypte ».

Pourquoi l'enfance de Jésus reste-t-elle mystérieuse ?

Jésus passe très probablement son enfance à Nazareth, en Galilée, qui est alors une région verdoyante bordée par le lac de Tibériade. Fouillé par les archéologues, le site du village antique abrite encore des vestiges de maisons du Ier siècle, dont l'une fut sans doute celle de la famille de Jésus... Celui que les chrétiens considèrent comme leur Sauveur ne grandit pas seul : outre ses parents, tout laisse à penser qu'il eut quatre frères, mentionnés par tous les évangélistes et nommément cités par Matthieu (ils s'appellent Jacques, Joset, Jude et Simon), qui est le seul à évoquer également des sœurs. Jésus aurait donc été élevé au sein d'une famille nombreuse, ce qui constituait d'ailleurs la norme à cette époque et dans ce milieu social.

Les protestants admettent que ces frères et ces sœurs sont tout simplement des enfants que Marie et Joseph auraient eu après la naissance de Jésus, ce qui ne remet pas en cause la conception virginale de ce dernier. En revanche, les Églises catholique et orthodoxe se montrent embarrassées par cette fratrie, car elles retiennent le principe de virginité perpétuelle de Marie, qui serait demeurée vierge même après la naissance de Jésus. Cependant, ce principe n'apparaît que sous la plume d'écrivains apocryphes à partir du IIe siècle de notre ère. Pour contourner les mentions fournies par les Évangiles, les premiers

Averti de la naissance d'un roi des Juifs, Hérode le Grand aurait ordonné le massacre de tous les enfants en bas âge de Bethléem.

partisans d'une virginité perpétuelle ont habilement considéré la fratrie de Jésus comme des demi-frères et demi-sœurs issus d'un premier mariage de Joseph. Dès la fin du IVe siècle enfin, on fait de ces frères et sœurs de simples cousins, en s'appuyant sur l'interprétation selon laquelle le mot *frère* pourrait désigner en grec des cousins, voire de simples amis ou proches. Les défenseurs d'une virginité perpétuelle de Marie s'appuient également sur la scène de la Crucifixion, au cours de laquelle serait présente une Marie citée comme « mère de Jacques et Joset ». Les catholiques et les orthodoxes considèrent que cette Marie n'est pas la mère de Jésus, estimant que si tel était le cas, on la présenterait comme telle. Mais le fait que l'évangéliste Jean mentionne quant à lui la présence de la « mère de Jésus » lors de la Crucifixion plaide pourtant en faveur de l'assimilation des deux figures.

Quel que soit le regard porté sur cette fratrie, la famille de Jésus évolue certainement dans un milieu assez pauvre, mais non misérable. Joseph est en effet un charpentier, ou peut-être un maçon, si l'on reprend le terme exact utilisé par les évangélistes, qui le désignent comme un *tektôn*, c'est-à-dire un « constructeur ». En tant qu'artisan, Joseph appartient donc aux classes moyennes inférieures, mais il n'est sans doute pas plus pauvre que la majorité de la population de Nazareth. En outre, certains chercheurs soulignent que le terme *constructeur* peut recouvrir une réalité assez vaste. Il n'est pas à exclure que Joseph ait été, plutôt qu'un simple artisan, un entrepreneur relativement aisé. La pauvreté de la famille de Jésus doit donc être relativisée.

À l'âge de douze ans, ses parents, qui le cherchaient, auraient trouvé Jésus en grande conversation avec les docteurs du temple de Jérusalem.

Hormis ces données sur sa famille, on ignore tout de l'enfance de Jésus de Nazareth. L'Évangile selon Luc est le seul à évoquer la présentation au Temple de Jésus, huit jours après sa naissance : il aurait alors été nommé et circoncis conformément à la tradition juive. S'il n'est confirmé par aucune autre source, l'événement n'en reste pas moins très probable, puisqu'il ne fait aucun doute que Jésus fut élevé dans la religion juive. En revanche, le seul autre événement concernant l'enfance de Jésus figurant dans les Évangiles – encore une fois dans celui de Luc – n'a pas d'historicité : à l'âge de douze ans, ses parents qui le cherchaient auraient trouvé Jésus en grande conversation avec les docteurs du temple de Jérusalem. En somme, on ignore presque tout de l'enfance de Jésus.

Disparition et spéculations

L'adolescence et le début de l'âge adulte sont tout aussi obscurs dans la vie de Jésus de Nazareth. De cette longue période, on ignore absolument tout. Dans les premiers siècles de notre ère, des polémistes juifs comme Celse instaurent la légende d'un voyage de Jésus en Égypte, où il aurait appris la magie. Au XIIe siècle, la littérature médiévale invente l'idée d'un voyage effectué par Jésus adolescent en compagnie de son oncle Joseph d'Arimathie, avec lequel il serait allé jusqu'en Angleterre, où il aurait semé les graines du christianisme. Enfin, ce n'est qu'à partir du XIXe siècle que se développent des thèses selon lesquelles Jésus de Nazareth aurait pu se rendre dans de lointaines contrées, en Inde, voire au Tibet ou même au Japon, dont il aurait rapporté certaines conceptions issues des religions bouddhiques. À vrai dire, toutes ces spéculations sont du ressort du roman, car tout indique que Jésus est resté avec sa famille dans la région de la Judée.

Il est très probable qu'en vertu de la tradition juive, Joseph dut enseigner son métier de «constructeur» à son fils. Peut-être les deux hommes ont-ils travaillé sur le chantier de Sepphoris, une ville antique située à seulement cinq kilomètres de Nazareth, et qui se trouvait en pleine construction dans les premières décennies de notre ère. En outre, Joseph et Marie ont certainement dispensé à leur fils un apprentissage spirituel et religieux, comme dans toute famille juive pieuse. Enfin, certains pensent qu'arrivé à l'âge adulte – mais avant le début de sa vie publique – Jésus a pu jouer le rôle d'un chef de famille, après le décès présumé de Joseph.

Malgré tout, comme aucune source ne vient documenter cette période, de nombreuses hypothèses ont été faites à propos des dernières années de Jésus avant le début de sa vie publique. Aurait-t-il vécu à un moment donné en ermite, ce que pourrait rappeler l'épisode du séjour de quarante jours dans le désert, dont Jésus serait sorti transfiguré ? On l'ignore. Certains chercheurs le suspectent d'avoir effectué un séjour parmi les esséniens, membres d'un mouvement religieux à la marge du judaïsme, et qui partage avec les premiers chrétiens bien des aspects, comme une attente messianique similaire, de mêmes références à la Bible hébraïque, ou encore le principe de la communauté des biens. Malgré ces soupçons, l'incertitude la plus totale demeure. L'exégèse chrétienne rejette globalement toute ces théories, se contentant de souligner l'absence de connaissance concernant cette période de la vie de Jésus. Le fait qu'il ne réapparaisse qu'à l'âge de trente ans environ est traditionnellement expliqué par la nécessité pour les prêtres, selon la loi de Moïse, d'atteindre cet âge pour entrer dans le sanctuaire lévitique.

Il est très probable qu'en vertu de la tradition juive, Joseph dut enseigner son métier de « constructeur » à son fils.

Jean le Baptiste, une rencontre déterminante

La vie publique de Jésus débute en l'an 27 ou 28, d'après un passage de l'Évangile de Jean affirmant que ce moment coïncide avec la 46e année de la reconstruction du temple de Jérusalem, débutée sous Hérode en 20 avant J.-C. Cette vie publique ne dure que deux à quatre ans selon les estimations, et la succession des événements durant ce court ministère au service de Dieu reste confuse, car les Évangiles de Marc, Luc et Matthieu présentent les épisodes dans des ordres différents, tandis que celui de Jean opte pour une tout autre chronologie.

Jean le Baptiste prodigue le baptême à Jésus dans les eaux du Jourdain. Rapidement, des divergences pourraient être apparues entre les deux hommes, qui s'opposaient quant à leur conception du règne de Dieu à venir.

Cependant, une rencontre semble avoir été déterminante, au début de cette vie publique : celle de Jean le Baptiste, un prédicateur vivant en ascète sur les rives du Jourdain, dans les eaux duquel il prodigue le baptême, tout en annonçant la venue d'un messie. L'existence historique de Jean le Baptiste est attestée par un passage de Flavius Josèphe. Il appartenait au milieu baptiste, un courant à la marge du judaïsme qui dénonçait la pratique formaliste des milieux sacerdotaux. On ignore tout de la rencontre entre les deux hommes, qui s'est peut-être faite à l'occasion d'un pèlerinage à Jérusalem. Après quoi Jésus se serait fait baptiser par Jean dans les eaux du Jourdain, comme de nombreux membres des milieux baptistes.

Jean aurait-il immédiatement reconnu le Messie en Jésus et lui aurait-il fait allégeance, comme l'affirment les Évangiles ? La réalité de leurs rapports fut sans doute bien plus complexe, car cet acte d'allégeance résulte probablement d'une invention complète. Au contraire, il est possible que Jésus ait fait partie de façon transitoire des disciples du Baptiste car, au tout début de sa vie publique, il se contentait d'« annoncer le royaume de Dieu » comme le faisait Jean. En outre, d'après l'Évangile de Jean, ce serait dans le milieu baptiste que Jésus aurait recruté ses deux premiers disciples. C'est donc probablement aux côtés de Jean le Baptiste que Jésus mûrit sa mission. Mais rapidement, des divergences pourraient être apparues entre les deux hommes, qui s'opposaient quant à leur conception du règne de Dieu à venir. Ces tensions pourraient s'être renforcées lorsque Jésus revint en Galilée pour y pratiquer lui-même le baptême, ralliant à lui davantage d'adeptes.

Cependant, d'autres interprétations laissent supposer que Jésus débute son activité de prédicateur à partir de l'arrestation de Jean le Baptiste. Son succès grandissant et son influence sur les foules avaient fini par inquiéter les autorités de Judée. Hérode Antipas, le fils du roi Hérode le Grand, fait donc arrêter Jean le Baptiste, qui est mis à mort, peut-être parce qu'il avait critiqué son mariage avec Hérodiade. La déroute militaire subie par Antipas face à Arétas IV est alors considérée par les Juifs comme une punition divine en réaction à la mise à mort de Jean le Baptiste.

Missions et miracles de Jésus

Au contraire de Jean le Baptiste qui officiait sur les rives du Jourdain à l'écart des villes, Jésus choisit de prêcher au milieu du peuple. Sur les rives du lac de Tibériade, tout près de son village natal, il commence à dispenser sa parole, notamment dans les petites villes de Bethsaïde et Capharnaüm. Prônant l'amour de l'autre et la miséricorde pour les pécheurs, il recrute des disciples, dont les premiers sont peut-être issus des milieux baptistes. Parmi eux se détache un certain Simon Bar-Yonah, un pêcheur illettré auquel Jésus donne le nom de Pierre, car il compte en faire la « pierre » sur laquelle sera fondée son Église. Ainsi se forme le cercle des apôtres, auquel se joint une foule enthousiaste, mettant dans la ville un joyeux désordre, au point que le nom même de Capharnaüm passe dans le langage courant. Parmi les derniers apôtres à rejoindre Jésus, Judas se démarque. On a longtemps cru que son surnom , « l'Iscariote », ne traduisait que la localité dont il était originaire, mais en réalité il indique plutôt que Judas avait appartenu aux sicaires, une faction de juifs dissidents à l'occupation romaine de la Judée, n'hésitant pas à recourir à la violence et à l'assassinat. Pourtant, si l'on en croit les Évangiles, Jésus semble très proche du nouvel

Parmi les derniers apôtres à rejoindre Jésus, Judas se démarque.

arrivant, qu'il appelle « mon ami ». En outre, le nouveau venu a une responsabilité attestée : il devient le trésorier du groupe d'apôtres.

L'historicité de la plupart des apôtres est difficilement vérifiable, car ils ne figurent que rarement dans des sources autres que les Écritures, apocryphes ou non. En revanche, les deux villes de Bethsaïde et de Capharnaüm ont laissé des vestiges archéologiques importants remontant au Ier siècle de notre ère : les bases conservées des maisons, synagogues et églises primitives sont probablement celles des lieux fréquentés par Jésus et ses premiers disciples. Au fond du lac de Tibériade ont été retrouvés en outre des vestiges des bateaux de pêcheurs de la même époque, sans doute semblables à ceux utilisés par Simon-Pierre et d'autres apôtres.

Les deux villes de Bethsaïde et de Capharnaüm ont laissé des vestiges archéologiques importants.

À quoi Jésus ressemble-t-il alors ? Les Évangiles ne comportent aucune description de leur Messie, mais l'image traditionnelle d'un Jésus aux longs cheveux blonds et aux yeux bleus est illusoire. Juif de Galilée, Jésus a certainement des traits méditerranéens, les cheveux noirs et la peau mate. Et si son caractère généreux et altruiste transparaît dans ses actes, il a pu se montrer aussi emporté et colérique, voire violent. De toute évidence enfin, l'homme a une aura et un talent oratoire hors du commun, qui lui permettent de captiver les foules, et de dispenser sa nouvelle doctrine.

Le message de Jésus – connu essentiellement à travers les Évangiles et le reste du Nouveau Testament – est à la fois simple et profondément nouveau, même par rapport à celui de Jean le Baptiste. Le prédicateur qu'il est devenu offre à ses suiveurs rien de moins que le «royaume de Dieu», celui d'un Dieu de grâce et de jugement, d'un amour sans limite. Il s'oppose ainsi aux conversions obtenues par Jean en jouant sur la crainte de la colère divine. En outre, alors que Jean ne faisait qu'annoncer l'aube, Jésus se présente comme celui «par qui le jour vient». Le nouveau ministre de Dieu ne se contente pas de haranguer les foules : il réalise – si l'on en croît les Évangiles – de nombreux miracles thérapeutiques, des exorcismes, différents prodiges, qu'il présente comme une préfiguration du bonheur éternel qui attend chaque individu auprès de Dieu, y compris les plus misérables. C'est là une autre nouveauté de sa doctrine : Jésus s'adresse surtout aux plus faibles. Les malades, les femmes mais aussi les veuves, les lépreux, les étrangers, les pécheurs même, tous bénéficieront de la bienveillance divine. À cela, il ajoute une dénonciation de l'hypocrisie et du mensonge. Enfin, son enseignement montre qu'il possède une excellente connaissance des textes religieux.

Jésus et les femmes

Si l'on en croît les dires des évangélistes, le groupe qui se forme autour de Jésus se compose aussi de femmes, parmi lesquelles figurent des prostituées, dont la présence montre que le message d'amour délivré par Jésus s'adresse à tous. De toutes ces femmes, la plus présente est Marie de Magdala, devenue Marie-Madeleine dans la religion chrétienne. Cependant, ce n'est que des siècles plus tard qu'elle est assimilée à une prostituée repentie, par confusion et assimilation avec d'autres figures féminines. Quoi qu'il en soit, un fort lien semble unir Jésus et Marie de Magdala. Au point que certains historiens ont envisagé l'hypothèse selon laquelle Marie de Magdala pourrait être la mère de Jésus, tandis que des romanciers n'ont pas hésité à en faire sa femme, ce qui paraît hautement improbable car à en croire les Écritures, le principal intéressé aurait au contraire souvent insisté sur son célibat.

Comment Jésus agite les foules à Jérusalem

Autour de lui, Jésus suscite – au moins dans un premier temps – une adhésion populaire : de grandes foules le suivent et le cherchent. Mais pour les autorités romaines et judéennes, ce nouveau prophète juif charismatique n'est qu'un facteur potentiel de désordre, en particulier dans le contexte déjà difficile de la ville de Jérusalem. En effet, pour prêcher sa nouvelle doctrine, Jésus de Nazareth ne se contente pas des rives du lac de Tibériade : son ministère le pousse aussi à prêcher au cœur de la ville sainte du judaïsme, Jérusalem. Or, en pleine occupation romaine, Jérusalem est un véritable baril de poudre.

La société juive y est profondément divisée, entre les simples paysans et les grands propriétaires de l'aristocratie, qui se confondent souvent avec les prêtres du Temple et mènent une vie luxueuse en ville. Il est probable que depuis quelque temps déjà, Jésus s'oppose à ces prélats qu'il juge indignes, tout en prônant une foi différente.

Jésus suscite une adhésion populaire : de grandes foules le suivent et le cherchent. Mais pour les autorités romaines et judéennes, ce nouveau prophète juif charismatique n'est qu'un facteur potentiel de désordre.

Durant les quelques années de son ministère, Jésus se rend sûrement à plusieurs reprises à Jérusalem. Il y fait une fois au moins une entrée mémorable, qui prend les apparences d'un véritable triomphe populaire. Cette arrivée triomphale de Jésus à Jérusalem est traditionnellement associée à Pessa'h – la fête de la Pâque juive – qui précède de quelques jours la Crucifixion, mais l'agitation par la foule de feuilles de palmier et les cris de « Hosanna ! » ne font pas partie du rituel juif des fêtes de Pâques. Ils se rapportent plutôt à Sukkot, une fête qui se déroule en octobre. En outre, cette ambiance triomphale diffère radicalement de celle qui règne au moment de l'arrestation du prédicateur, où Jésus et ses apôtres semblent évoluer dans une quasi-clandestinité. Ce contraste laisse à penser que les deux événements se déroulent au moins à quelques mois d'intervalle.

Pourquoi une telle violence lors de l'épisode de l'expulsion des marchands du Temple ?

Ce changement radical d'atmosphère témoigne d'un retournement de l'opinion, au moins auprès d'une partie de la population. Ce renversement pourrait avoir été opéré à l'initiative des milieux sadducéens conservateurs de Jérusalem, qui s'inquiétaient probablement des effets que pourrait avoir ce nouveau prophète sur les masses populaires, tant dans son rapport à la religion traditionnelle que dans le fragile équilibre que les autorités juives avaient trouvé pour cohabiter avec l'occupant romain.

Le point de rupture intervient probablement lors de l'expulsion des marchands du Temple, un épisode connu par les Évangiles seulement, mais qui satisfait plusieurs critères d'historicité. Pour faciliter l'achat d'animaux sacrificiels, la cour du temple de Jérusalem était alors remplie de bétail et de tables de changeurs, de façon à permettre la conversion des monnaies grecques et romaines en sicles juifs ou tyriens, seules acceptées à l'intérieur du Temple. Entré dans une colère noire à la vue de ce véritable marché au sein même des murs du Temple, Jésus chasse avec violence les marchands, renversant les tables des changeurs et s'aidant même d'une corde à la façon d'un fouet ! Pourquoi une telle violence, alors que le commerce à l'intérieur du Temple existait depuis près de soixante ans ? Faut-il penser que Jésus a voulu commettre un acte de rébellion contre l'occupant romain, en refusant l'introduction dans le Temple de la monnaie impériale romaine ? Était-ce une façon de s'insurger contre le culte sacrificiel ? Ou bien la colère de Jésus a-t-elle eu comme point de départ les prix prohibitifs pratiqués éhontément par les marchands de pigeons sacrificiels, une réalité attestée par ailleurs par des sources historiques ? Plus globalement, on peut penser que Jésus avait à cœur de défier l'autorité des grands prêtres sur ce lieu sacré qu'ils avaient transformé en marché.

Quoi qu'il en soit, il est vraisemblable que le scandale provoqué par l'expulsion des marchands du Temple a précipité l'arrestation de Jésus. En effet, alors que Jérusalem se trouve en effervescence pour les fêtes de Pessa'h – au moins cent mille pèlerins juifs étaient présents dans une ville qui comptait habituellement trente mille habitants – et que l'équilibre trouvé avec l'occupant romain est encore fragile, les prêtres du Sanhédrin devaient craindre d'autant plus cet agitateur menaçant l'ordre établi. Ils décident donc de faire arrêter Jésus. Par cette décision, les prêtres se soucient certes de préserver leur propre autorité spirituelle, mais peut-être aussi d'éviter une insurrection contre Rome, dont la répression serait alors impitoyable.

L'arrestation : coup monté de Jésus ?

L'arrestation de Jésus s'effectue lors de son dernier séjour à Jérusalem, qui semble se dérouler dans un climat de clandestinité : les disciples échangent des mots de passe et des signes de reconnaissance pour se réunir dans un endroit discret. Signe sans doute qu'ils craignaient l'intervention de la garnison romaine, qui avait à cœur d'étouffer l'agitation autour de Jésus et de ses partisans.

Les événements liés à l'arrestation de Jésus sont connus exclusivement par les Écritures, mais ils satisfont quelques critères d'historicité. C'est alors que Jésus et les apôtres se trouvaient dans

Les gardes auraient identifié Jésus grâce au baiser de Judas.

l'oliveraie de Gethsémani que les gardes du Sanhédrin interviennent : armés de bâtons et d'épées, ils auraient identifié Jésus grâce au baiser de Judas, qui avait été payé trente pièces d'argent pour désigner son maître de cette façon. Capturé, Jésus aurait été jugé immédiatement par le Sanhédrin, puis par Ponce Pilate, le préfet de Judée.

L'historicité de Judas, et surtout de sa trahison envers Jésus, a parfois été mise en doute, tant elle paraît constituer une réécriture de certains épisodes figurant dans l'Ancien Testament. Mais si l'on admet la trahison véridique, le comportement de Judas est-il dû simplement à sa nature mauvaise, qui illustre la fragilité de l'âme humaine ? D'autres explications ont pu être avancées. Judas aurait-il pensé sincèrement que Jésus n'était en fait qu'un imposteur ? Estimait-il qu'il n'allait pas assez loin dans la révolution spirituelle et culturelle qu'il menait ?

Évangile de Judas.

Le champ du potier est rebaptisé « le champ du sang ».

Cette hypothèse n'est pas à écarter si l'on admet qu'il appartenait au dangereux groupe des sicaires.

Mais une interprétation plus surprenante encore a vu le jour : cette trahison apparente ne fut-elle qu'un coup monté ? N'aurait-elle pas été organisée volontairement par Jésus avec le soutien actif d'un de ses plus proches disciples ? À l'appui de cette hypothèse, un manuscrit du IIIe siècle, découvert dans les années 1970 et rebaptisé familièrement « Évangile de Judas ». D'après cette source, ce serait Jésus en personne qui aurait demandé à Judas de l'aider à se défaire de son enveloppe corporelle, sachant que son arrestation se solderait par son exécution. Dans cette interprétation, Judas devient un véritable héros : c'est grâce à lui que Jésus a pu accomplir sa mission et s'offrir en sacrifice aux hommes. Il ne serait donc plus le traître, mais le disciple le plus proche de Jésus, ce que d'autres mentions dans les Évangiles canoniques viennent d'ailleurs étayer.

En outre, ce «coup monté» d'une arrestation volontaire pourrait expliquer également le comportement de Judas après la crucifixion de Jésus. L'interprétation traditionnelle voudrait que rongé par le remords, le traître ait rendu les trente pièces d'argent aux prêtres du Temple – qui auraient acheté avec cet argent «le champ du sang», un terrain aujourd'hui encore vierge de construction – et qu'il se soit suicidé. Mais dans l'hypothèse où Jésus se serait livré volontairement à ses bourreaux, c'est peut-être en constatant la mort de son maître sur la Croix – alors qu'il s'attendait peut-être à ce qu'il révèle alors sa nature divine – que Judas fut saisi par le désespoir et le remords, au point de se supprimer lui-même. Le mystère demeure, mais la trahison de Judas – un Juif, mais comme tous les autres apôtres et Jésus lui-même – a malheureusement été utilisée pour nourrir le sentiment antisémite à travers les siècles.

Un procès obscur

Si l'historicité de la crucifixion de Jésus ne fait aucun doute pour les historiens, les événements en amont du supplice sont beaucoup plus difficiles à attester et à restituer, car les évangélistes semblent les reporter par anticipation dans une perspective d'accomplissement des Écritures, donc probablement en enrichissant la réalité de nombreux symboles théologiques ou liturgiques, dans le but d'accompagner les premières célébrations ou pèlerinages sur les lieux du martyre.

Dès lors, on ne peut que résumer les dires des évangélistes. Et, d'emblée, les modalités du jugement apparaissent déconcertantes, car Jésus aurait été soumis à un double procès, d'abord devant le Sanhédrin, une cour de justice composée par les grands prêtres du Temple, puis devant le procurateur de Rome, Ponce Pilate, qui se serait trouvé exceptionnellement à Jérusalem à ce moment-là. Dans l'intervalle, il aurait même été présenté aussi devant Hérode Antipas. La question de ce procès est d'autant plus obscure qu'elle a été biaisée au fil du temps par l'antisémitisme et par de multiples enjeux politiques et religieux.

Plus encore que la nature de ce double procès, l'attitude de Jésus lors de ses comparutions devant le Sanhédrin et devant Ponce Pilate n'est connue que par les dires des évangélistes, qui montrent Jésus demeurant muet ou déniant le pouvoir judiciaire de ses accusateurs, dans des scènes à la symbolique chargée. C'est finalement le procurateur Ponce Pilate qui aurait prononcé la condamnation de Jésus au crucifiement, pour rébellion. Les Évangiles tendent à atténuer la responsabilité du préfet romain dans cette condamnation, de façon à faire reposer la faute de la condamnation sur le peuple juif lui-même : ainsi s'explique sans doute l'invention de l'épisode de Barabbas, un brigand que la population aurait préféré à Jésus pour lui accorder une grâce. Il est toutefois probable que le légat romain devait effectivement être embarrassé par la condamnation à mort de ce prédicateur charismatique, craignant l'agitation qui pourrait s'ensuivre.

La nature des sévices subis par Jésus en amont de sa crucifixion est encore plus douteuse, en particulier la scène de la flagellation. En revanche, certains historiens estiment que les actes pratiqués par les soldats pour tourner en dérision le prétendu «roi des Juifs» – chlamyde évoquant la pourpre royale, couronne d'épines, roseau en guise de sceptre – répondent à certains critères d'historicité.

La réalité de la Crucifixion

L'historicité de la crucifixion de Jésus – mentionnée par plusieurs historiens antiques – ne fait plus aucun doute pour les historiens. D'après les évangélistes, Jésus aurait transporté lui-même sa croix, ou plutôt la barre transversale de sa croix, ce qui correspond à une pratique attestée à cette époque. Il aurait été crucifié à l'extérieur de Jérusalem, au lieu-dit « Golgotha », littéralement « le lieu du crâne », une petite colline sans doute vierge de végétation, expliquant ainsi son assimilation avec un crâne, comme nombre de « mont Chauve » partout dans le monde. La présence de deux autres crucifiés aux côtés de Jésus paraît vraisemblable, mais contrairement à ce qu'affirment les évangélistes il ne s'agissait probablement pas de simples « larrons », car le crucifiement était généralement réservé aux criminels, pirates et autres grands brigands, ainsi qu'aux esclaves et condamnés politiques. Il est possible que les deux « larrons » aient été en réalité des sicaires ou des zélotes, ces dissidents juifs violents que Rome considérait comme des terroristes. L'épisode selon lequel un soldat romain propose à Jésus une boisson faite

D'après les évangélistes, Jésus aurait transporté lui-même sa croix.

Parmi les différentes paroles que Jésus aurait prononcées sur la Croix, la plus vraisemblable est sans doute celle que rapporte Marc : « Mon Dieu, mon Dieu, pourquoi m'as-tu abandonné ? »

de vin mêlé de myrrhe pour atténuer la douleur est probablement réel, puisqu'il s'agit d'une pratique attestée par ailleurs en cas de crucifiement.

Bien que les condamnés au crucifiement soient le plus souvent attachés à la croix par des cordes, Jésus y aurait été fixé par des clous plantés au milieu des mains et des pieds. Bien que plus rare, cette pratique n'en a pas moins été confirmée par l'archéologie. En revanche, il est probable qu'en pareil cas les clous n'étaient pas plantés dans les paumes des mains (car celles-ci n'auraient pas résisté plus de quelques heures avant de se déchirer), mais plutôt dans les poignets. Supplice terrible, l'agonie sur la croix dure souvent plusieurs jours, car le condamné ne meurt que de l'étouffement provoqué par sa suspension, bras écartés. Or l'agonie de Jésus semble n'avoir duré que quelques heures, ce qui donne crédit aux dires de l'évangéliste Jean, qui est le seul à préciser que le supplicié fut achevé par un coup de lance, venu abréger ses souffrances. En outre, aucun texte de l'Ancien Testament ne semble avoir inspiré cet épisode, ce qui renforce la probabilité de son authenticité.

D'après les évangélistes, les disciples de Jésus n'étaient pas présents lors de la Crucifixion, au contraire de quelques femmes de l'entourage de Jésus. Dans le détail, les quatre évangélistes s'accordent seulement sur la présence de Marie de Magdala, mais Marie mère de Jacques et Joset – que Jean semble assimiler à la mère de Jésus – revient fréquemment aussi. Leur fidélité envers Jésus contraste singulièrement avec l'attitude des apôtres, ce qui renforce la probabilité d'authenticité de cette situation inattendue. Enfin, parmi les différentes paroles que Jésus aurait prononcées sur la Croix, d'après les évangélistes qui les mentionnent, la plus vraisemblable est sans doute celle transmise par Marc : « Mon Dieu, mon Dieu, pourquoi m'as-tu abandonné ? », car elle est citée en araméen et fait directement référence à un psaume de la Bible hébraïque.

Où se trouve le Tombeau ?

D'après Marc, Joseph d'Arimathie – un Juif éminent, peut-être membre du Sanhédrin – aurait obtenu du préfet Ponce Pilate que le corps de Jésus soit descendu rapidement de la Croix avant que ne débute le sabbat pascal. À partir de ce récit tout à fait plausible et relativement neutre, les autres évangélistes ont débuté une construction littéraire marquée par la christianisation progressive du personnage de Joseph d'Arimathie, qui s'est considérablement enrichi au fil des siècles et dont l'historicité est hautement improbable.

Où le corps de Jésus fut-il déposé après la Crucifixion ? D'après la tradition chrétienne, le tombeau du Christ se trouverait sur le mont Golgotha, à l'emplacement aujourd'hui occupé par la basilique du Saint-Sépulcre, le lieu le plus sacré de la chrétienté. Cependant, comme celui de tout criminel politique, le corps de Jésus était *a priori* destiné à terminer à la fosse commune, ou dans un charnier quelconque. Réprouvant l'idée que le corps du Sauveur ait pu subir pareil traitement, les évangélistes affirment que Joseph d'Arimathie aurait convaincu Ponce Pilate de l'autoriser à déposer le corps de Jésus dans un tombeau quelconque, ou bien dans son propre tombeau, selon les versions. Mais la plupart des historiens pensent qu'il s'agit là d'une création littéraire d'un récit de légitimation théologique, visant à attribuer à Jésus une sépulture d'hommage.

D'après la tradition chrétienne, le tombeau du Christ se trouverait sur le mont Golgotha, à l'emplacement aujourd'hui occupé par la basilique du Saint-Sépulcre, le lieu le plus sacré de la chrétienté.

Si la mise au tombeau semble déjà dénuée d'historicité, l'emplacement même du mont Golgotha, donc du tombeau supposé du Christ, fait l'objet de débats au sein même de la communauté de croyants. En effet, la fondation de l'église du Saint-Sépulcre sur le lieu supposé du Tombeau et du mont Golgotha ne remonte qu'au IVe siècle : c'est seulement en 326, alors que l'empereur Constantin s'était lui-même converti au christianisme, que l'impératrice Hélène fonde la basilique. Mais alors que trois siècles se sont écoulés depuis la Crucifixion, il est extrêmement improbable que l'emplacement du Golgotha ait été encore connu. En effet, à la suite de révoltes juives, la ville de Jérusalem avait été détruite une première fois en l'an 70,

Sommet du mont des Oliviers ou de la montagne de Gibéon, auquel certaines traditions associent l'emplacement du Golgotha.

puis entièrement rasée en 135. La totalité des habitants juifs avaient alors été expulsés de Judée, tandis que l'empereur Hadrien faisait construire sur son emplacement une cité romaine, Aelia Capitolina. La localisation des sites mentionnés dans les textes chrétiens a ainsi été perdue : on sait aujourd'hui que même l'emplacement du mont Sion n'avait pas été reconnu, le toponyme étant passé d'une colline à une autre. En outre, dès le IVe siècle, certaines traditions identifiaient le Golgotha à d'autres lieux : au nord du mont Sion, selon Eusèbe de Césarée, au sommet du mont des Oliviers ou de la montagne de Gibéon, selon Épiphane de Salamine. Il est donc bien improbable que l'emplacement retenu par l'impératrice

Hélène concernant le Golgotha corresponde au lieu historique de la crucifixion de Jésus. Cela d'autant plus que la localisation même du lieu semble entrer en contradiction avec certaines données délivrées par les évangélistes, comme la localisation du Golgotha à l'extérieur de la ville.

L'autre Golgotha ?

Les contradictions apparentes entre la localisation traditionnelle du Golgotha et les données des Évangiles ont poussé à la recherche d'une localisation plus cohérente. Dans les années 1880, le britannique Charles Gordon a identifié, à l'extérieur de la seconde enceinte de la Jérusalem antique, un relief dont l'une des falaises est creusée de cavités qui lui donnent l'apparence d'un crâne. Il propose alors une identification avec le Golgotha des Évangiles, qui lui semble d'autant plus plausible que l'endroit comporte de nombreuses tombes antiques creusées dans la roche. La découverte d'une grande citerne agricole en 1890 semble renforcer son hypothèse, car les Évangiles affirment que le tombeau de Jésus se trouvait au cœur d'un jardin. Finalement, l'une des tombes creusées dans la petite falaise est identifiée avec celle de Jésus, une identification que reconnaissent aujourd'hui la plupart des chrétiens protestants et évangéliques, au contraire des catholiques et des orthodoxes, demeurés fidèles à la tradition du Saint-Sépulcre. Quoi qu'il en soit, si la question de la localisation du Golgotha est pleine d'intérêt pour les historiens, les disputes autour de l'identification du tombeau du Christ restent assez vaines dans une perspective historique, compte tenu de l'absence d'historicité de la mise au tombeau du corps de Jésus.

Mystères autour de la Résurrection

D'après les Évangélistes, le dimanche suivant la Crucifixion, le tombeau de Jésus aurait été retrouvé vide par Marie de Magdala et les autres femmes qui l'entouraient lors de son supplice. Peu après, Marie de Magdala, pleurant encore sur le Tombeau vide, aurait vu apparaître un homme, qu'elle prend d'abord pour un simple jardinier, mais en lequel elle reconnaît Jésus. D'autres apparitions aux apôtres suivront, dont celle de la pêche miraculeuse. Pour les chrétiens, c'est là le signe de la Résurrection, qui prouve la nature divine de Jésus et précède son Ascension. Mais pour les historiens rationalistes, comment expliquer ces événements ?

La disparition du corps ne pose pas de difficulté majeure : le cadavre aurait pu être enlevé, peut-être par des admirateurs de Jésus, pour être enseveli ailleurs. Un acte qui aurait été d'autant plus facile à commettre si Jésus reposait comme on peut le penser dans une simple fosse commune, où les corps étaient recouverts d'une faible épaisseur de terre et de pierres.

En revanche, les apparitions *post mortem* de Jésus à ses fidèles ont donné lieu à bien des hypothèses, plus ou moins crédibles. Jésus serait-il revenu à lui après un épisode de coma ? On ne s'expliquerait pas alors qu'il ne réapparaisse que par moments. Faut-il penser que Marie et les apôtres ont été victimes d'hallucinations, ou d'une autosuggestion collective ? L'explication semble peu compatible avec l'extrême étonnement qu'ils manifestent à la vue de Jésus ressuscité. Est-ce tout simplement un mythe élaboré par les disciples de Jésus ? L'absence totale d'historicité quant à ces épisodes interdira sans doute à jamais de conclure ou de tenter la moindre reconstitution des faits. Avec la Résurrection, l'histoire s'arrête là où commence la foi.

Marie de Magdala, pleurant encore sur le Tombeau vide, aurait vu apparaître un homme, qu'elle prend d'abord pour un simple jardinier.

LES MIRACLES *de Jésus*

Guérisons inespérées, exorcismes, résurrections, événements surnaturels... Au cours de son bref ministère, Jésus aurait accompli de nombreux miracles : pas moins de trente-sept, si l'on additionne tous ceux répertoriés dans les Évangiles. Certains d'entre eux, comme la pêche miraculeuse ou le changement de l'eau en vin lors des noces de Cana, font partie des épisodes les plus célèbres du Nouveau Testament. Tout cela sans même compter le plus grand de ces miracles, à savoir la résurrection de Jésus lui-même. Mais après deux mille ans, la question de la réalité des miracles de Jésus n'est toujours pas réglée.

Pour les tenants de la tradition fondamentaliste, pour qui les Évangiles doivent être lus comme des documents historiques, les miracles constituent une manifestation de la divinité de Jésus et ne peuvent souffrir aucune contestation, ni même aucune explication rationnelle. Au contraire, pour les partisans d'une relecture rationaliste qui nient la réalité de ces événements, les miracles de Jésus ne sont qu'une vaste supercherie, ou au mieux une invention

Depuis deux mille ans, Jésus est le personnage qui a le plus fait parler de lui. Quel sens peut-on aujourd'hui donner à ses trente-sept miracles ?

fondée sur de vagues légendes. Mais les tenants de ces deux positions extrêmes ne passent-ils pas à côté de la réalité des miracles attribués à Jésus ? Entre les deux existe une place pour une analyse plus objective, fondée sur l'exégèse scientifique du texte biblique, et pour une interprétation rationnelle qui ne réduit pas à néant le message évangélique.

À ce titre, la clef du mystère ne réside-t-elle pas dans la nature même des miracles accomplis par Jésus, qui sont avant tout des guérisons ? En effet, alors que certaines d'entre elles sont dotées d'une forte présomption d'historicité, ces guérisons sont si nombreuses qu'elles poussent à s'interroger sur la véritable nature du ministère de Jésus. Et si le prédicateur nazaréen était avant tout un médecin ? C'est là l'hypothèse défendue par plusieurs historiens actuels, qui fondent leur raisonnement sur les miracles les mieux ancrés dans la réalité. Dans cette perspective d'ailleurs, il apparaît que même les résurrections opérées par Jésus pourraient reposer sur un fond d'historicité et découler d'événements bien réels... Enfin, *quid* du plus grand miracle accompli par Jésus, à savoir sa propre résurrection ? Le mystère déjoue les tentatives des chercheurs depuis longtemps, mais là encore, l'analyse scientifique des récits fournis par les Évangiles ouvre des perspectives bien plus vastes.

Bien des interrogations apparaissent alors : comment expliquer rationnellement les miracles les plus étonnants accomplis par Jésus ? Faut-il accorder crédit aux récits des résurrections pratiquées par le prédicateur nazaréen ? Comment différencier un miracle doté d'un fond d'historicité d'un événement totalement fictionnel ? Enfin, au-delà de toutes ces interrogations, ces épisodes que nous qualifions de « miracles » en étaient-ils vraiment dans l'esprit des contemporains ? Tout est affaire d'analyse du texte

Comment expliquer rationnellement les miracles les plus étonnants accomplis par Jésus, qui semblent défier les lois de la nature ?

biblique, dans lequel le récit primitif issu des traditions les plus anciennes doit être dégagé des additions postérieures... Pour saisir la véritable nature des miracles accomplis par Jésus, il importe de les inscrire dans une réalité historique, qui n'est nullement inconciliable avec la portée théologique du récit biblique.

Comment expliquer la multiplication des pains ?

Épisode fondateur dans la religion chrétienne, la multiplication des pains et des poissons est le seul miracle de Jésus mentionné dans chacun des quatre Évangiles. Globalement, le récit est partout similaire. La scène se déroule probablement sur les rives du lac de Tibériade, où Jésus est entouré d'une importante foule de fidèles. Comme le soir tombe, ses disciples lui demandent de renvoyer l'assistance chez eux, car il n'y a rien à manger dans ce lieu désert. À quoi Jésus leur répond : « Ils n'ont pas besoin de s'en aller ; donnez-leur vous-mêmes à manger. »

Les disciples protestent qu'ils n'ont ici que cinq pains et deux poissons, ce qui ne suffira pas à nourrir la foule immense. Mais Jésus demande qu'on lui apporte ces modestes denrées. Alors, « il fit asseoir la foule sur l'herbe, prit les cinq pains et les deux poissons, et, levant les yeux vers le ciel, il rendit grâce. Puis, il rompit les pains et les donna aux disciples, qui les distribuèrent à la foule. Tous mangèrent et furent rassasiés, et l'on emporta douze paniers pleins des morceaux qui restaient. Ceux qui avaient mangé étaient environ cinq mille hommes, sans les femmes et les enfants. »

Si l'on prend le récit évangélique à la lettre, l'événement est donc miraculeux, car bien que cela ne soit pas précisé explicitement, il faut penser que les pains et les poissons se sont multipliés pour nourrir une telle foule. Surtout, au-delà du miracle, ce geste de partage fraternel peut être considéré comme fondateur pour la religion chrétienne. La scène a d'ailleurs été interprétée à de multiples reprises par les théologiens, qui ont vu en la multiplication des pains le symbole de la parole du Christ, qui a nourri les peuples à travers le monde, mais aussi celui des apôtres qui doivent répandre la nouvelle religion. Certains y voient même les prémices de l'Eucharistie et une préfiguration de la Cène, le dernier repas de Jésus avec ses apôtres.

Mais au-delà de cette portée symbolique, le fait même que le miracle soit le seul mentionné par les quatre Évangiles laisse penser que l'événement a quelque fond d'historicité. Alors, comment expliquer rationnellement la scène ? Il n'est guère possible de donner crédit à l'idée d'une multiplication des denrées, sauf à imaginer que de nouveaux pains aient pu être cuits, et de nouveaux poissons pêchés, à mesure que le partage avait lieu ; mais dans ce cas, l'événement n'aurait rien de si notable. En revanche,

Épisode fondateur dans la religion chrétienne, la multiplication des pains et des poissons est le seul miracle de Jésus mentionné dans chacun des quatre Évangiles.

Une mosaïque extraordinaire a été découverte en 2019 dans les ruines d'Hippos-Sussita.

il est possible que le repas ait été un extraordinaire moment de mise en commun : Jésus et ses disciples auraient alors partagé avec une foule importante – dont le nombre a été évidemment exagéré par les rédacteurs évangéliques – les quelques restes dont ils disposaient. D'ailleurs, le texte précise bien que Jésus a rompu les pains pour les partager. Or les pains consommés au Ier siècle de notre ère pouvaient prendre la forme de miches assez imposantes, de sorte que quelques-uns d'entre eux auraient pu suffire à nourrir plusieurs dizaines de personnes si chacun n'en recevait que quelques bouchées. Quant au nombre de paniers remplis par les restes, il aurait été tout simplement inventé par les évangélistes, pour souligner le caractère miraculeux de l'événement. Sans cette précision d'ailleurs, rien dans le récit évangélique n'indiquerait que la foule ait réellement consommé davantage que les cinq pains et les deux poissons présents au commencement de la scène, et rien ne permettrait non plus de considérer l'événement comme miraculeux. Cet ancrage dans la réalité ne fait que renforcer l'historicité de la scène.

Peut-on aujourd'hui encore retrouver des traces de cet épisode fondateur ? Une découverte extraordinaire a été faite en 2019 dans les ruines d'Hippos-Sussita, située à deux kilomètres du lac de Tibériade, ville qui a connu la gloire au temps de Jésus avant de sombrer dans l'oubli quelques siècles plus tard et d'être détruite par un tremblement de terre d'une force exceptionnelle. En plus de nombreux vestiges romains de l'époque de Jésus, les équipes ont mis au jour une incroyable mosaïque du VIe siècle dans un état de conservation rarissime, mesurant dix mètres sur quinze, avec, parmi ses dessins, des poissons et des pains représentés à profusion. Mais d'après la tradition, le miracle se serait déroulé à Tabgha, sur la rive nord-ouest du lac de Tibériade, entre Magdala et Capharnaüm. Dès l'an 380, un document décrit le lieu ainsi : « près du lac se trouve un champ d'herbe et de foin avec beaucoup de palmiers. Il y a sept fontaines dont l'eau coule en abondance. C'est dans ce champ que le Seigneur a nourri le peuple avec cinq pains et deux poissons. En vérité, la pierre sur laquelle le Seigneur a posé le pain a été réduite en autel dont les pèlerins prennent des petits morceaux à l'avantage de leur salut. » Le site supposé de la multiplication des pains est aujourd'hui occupé par l'église de la Multiplication, qui aurait été fondée au milieu du IVe siècle et fut reconstruite à plusieurs reprises jusqu'à la fin du XXe siècle. En 1932, des fouilles archéologiques ont mis au jour des vestiges de l'ancienne basilique byzantine, comprenant notamment des mosaïques antiques. Les plus célèbres de ces mosaïques sont celles qui se trouvent devant l'autel : réalisées au début du Ve siècle, elles représentent notamment une corbeille de pains et deux poissons, en référence au miracle réalisé par Jésus.

D'autres phénomènes « surnaturels » ?

D'après les Évangiles, la multiplication des pains ne serait pas le seul miracle défiant les lois de la nature que Jésus aurait réalisé. Parmi les plus célèbres figure également l'épisode de la pêche miraculeuse, relaté par Luc, et à la suite de laquelle les apôtres Pierre, Jacques et Jean auraient abandonné leur activité de pêcheurs pour devenir des disciples du Christ.

Les rédacteurs de l'Évangile de Luc narrent la scène ainsi : « Comme Jésus se trouvait auprès du lac de Génésareth, et que la foule se pressait autour de lui pour entendre la parole de Dieu, il vit au bord du lac deux barques, d'où les pêcheurs étaient descendus pour laver leurs filets. Il monta dans l'une de ces barques, qui était à Simon, et il le pria de s'éloigner un peu de terre. Puis il s'assit, et de la barque il enseignait la foule. Lorsqu'il eut cessé de parler, il dit à Simon : "Avance en pleine eau, et jetez vos filets pour pêcher." Simon lui répondit : "Maître, nous avons travaillé toute la nuit sans rien prendre ; mais, sur ta parole, je jetterai le filet." L'ayant jeté, ils prirent une grande quantité de poissons, et leur filet se rompait. Ils firent signe à leurs compagnons qui étaient dans l'autre barque de venir

La ville est loin d'avoir révélé tous ses secrets. Les équipes continuent à déterrer de nouveaux éléments d'un puzzle énigmatique qui pourrait nous en dire plus sur les mystères de Jésus.

les aider. Ils vinrent et ils remplirent les deux barques, au point qu'elles enfonçaient. Quand il vit cela, Simon-Pierre tomba aux genoux de Jésus, et dit : "Seigneur, retire-toi de moi, parce que je suis un homme pécheur." [...] Alors Jésus dit à Simon : "Ne crains point ; désormais tu seras pêcheur d'hommes." Et, ayant ramené les barques à terre, ils laissèrent tout, et le suivirent. »

Cet épisode a-t-il une historicité ? Il est bien difficile de l'affirmer, d'autant plus que les autres Évangiles ne mentionnent même pas la scène, à l'exception de celui de Jean qui relate un épisode similaire après la résurrection de Jésus. Mais ce miracle n'est finalement pas forcément le plus spectaculaire de Jésus de Nazareth, si l'on tient compte d'une certaine tendance à l'exagération de la part des rédacteurs évangéliques. Rien ne s'oppose d'ailleurs à ce que nous lisions la scène dans une perspective purement rationaliste : une bonne pêche n'a rien de surnaturel. Peut-être Jésus savait-il où trouver du poisson à cette heure de la journée, ou a-t-il tout simplement eu de la chance. D'ailleurs, si la pêche miraculeuse est restée célèbre jusqu'à nos jours, c'est avant tout pour sa portée théologique, l'image de la pêche se rapportant à la mission de l'Église et celle des apôtres, qui deviennent, comme le dit Jésus, des « pêcheurs d'hommes ».

Au contraire du précédent, l'épisode de la tempête apaisée est cité dans les trois Évangiles synoptiques. Une fois encore, la scène se déroule sur le lac de Tibériade, où Jésus s'était embarqué sur une barque avec ses disciples, peut-être pour pêcher. Mais alors que la petite embarcation vogue sur le lac et que Jésus s'est endormi, une tempête se lève et le frêle esquif est bientôt en perdition. Les disciples auraient alors réveillé Jésus, en le suppliant de les sauver. Le reste de la scène nous est raconté par Matthieu : « Il leur dit : "Pourquoi avez-vous peur, gens de peu de foi ?" Alors il se leva, menaça les vents et la mer, et il y eut un grand calme. Ces hommes furent saisis d'étonnement : "Quel est celui-ci, disaient-ils, à qui obéissent même les vents et la mer ?" » Là encore, le miracle n'a rien de particulièrement surnaturel : le retour soudain du calme après un coup de vent est un phénomène on ne peut plus familier, seule la coïncidence avec l'action de Jésus pouvant être considérée comme un miracle. Pour l'Église, d'ailleurs, l'épisode a avant tout une valeur symbolique, celle d'un Christ venu apporter la paix à une humanité bousculée par une réalité tumultueuse.

Les noces de Cana : une invention ?

La transformation de l'eau en vin lors des noces de Cana est présentée par saint Jean comme l'un des premiers miracles effectués par Jésus au commencement de son ministère. Mais dans la chronologie d'écriture des

Parmi les plus célèbres miracles figure l'épisode de la pêche miraculeuse.

Évangiles, l'épisode des noces de Cana semble constituer au contraire une addition ultérieure : il ne figure en effet que dans l'Évangile de Jean, dont la rédaction est plus tardive que celle des trois évangiles synoptiques.

L'épisode se déroule à l'occasion d'une noce célébrée à Cana, en Galilée. On ignore qui se marie, mais Jésus et sa mère sont tous les deux présents, ainsi que les disciples. La scène débute par un curieux dialogue entre Jésus et sa mère, qui remarque que le vin commence à manquer pour les convives : « Le vin venant à manquer, la mère de Jésus lui dit : "Ils n'ont pas de vin." Jésus lui dit : "Que me veux-tu, femme ? Mon heure n'est pas encore venue." Sa mère dit aux serviteurs : "Faites ce qu'il vous dira." Or il y avait là six jarres de pierre, pour les purifications des Juifs, contenant chacune deux ou trois mesures. Jésus dit aux serviteurs : "Remplissez d'eau ces jarres." Ils les remplirent jusqu'au bord. Il leur dit : "Puisez maintenant et portez-en au maître d'hôtel." Ils lui en portèrent. Quand le maître d'hôtel eut goûté l'eau devenue du vin – il en ignorait la provenance, mais les serveurs la savaient, eux qui avaient puisé

Les hypothèses rationalistes ne manquent pas pour expliquer le miracle des noces de Cana.

Le lieu des noces : Kafr Cana ou Khirbet Qana ?

Dans la mesure où l'historicité même des noces de Cana ne peut être établie, la recherche du lieu précis où se serait produit le miracle peut sembler dénuée de sens. Pourtant, la question a passionné les croyants depuis les premiers siècles de notre ère. Aujourd'hui, la ville de Kafr Cana – à quelques kilomètres au nord de Nazareth – est considérée généralement comme le lieu historique des noces de Cana. Mais depuis quelques années, certains archéologues défendent l'hypothèse d'un autre lieu : le site archéologique de Khirbet Qana, situé au sommet d'une éminence dominant toute la région, où l'on a découvert une grotte au contenu étonnant : six jarres de pierre, semblables à celles évoquées dans l'épisode des noces de Cana. Mieux, les murs de la grotte sont encore recouverts d'innombrables graffitis écrits en grec ancien, en latin, en syrien ancien ou encore en arabe, dont les plus anciens remontent au IIIe siècle de notre ère. Il semble donc que des pèlerins venus de tout l'Orient visitaient la grotte en nombre dès cette époque… Considéraient-ils Khirbet Qana comme le lieu du premier miracle du Christ ? C'est très probable, car les jarres de pierre – fabriquées durant la période byzantine – semblent bien constituer une évocation de ce miracle. Peu à peu toutefois, alors que le site de Khirbet Qana était abandonné par sa population, la grotte des pèlerins est tombée dans l'oubli. Et à partir du XVIe siècle, le site de Kafr Cana, plus vivant et plus accessible, a été considéré comme le lieu authentique du miracle des noces de Cana.

l'eau – il appelle le marié et lui dit : "Tout le monde sert d'abord le bon vin et, quand les gens sont ivres, alors le moins bon ; toi, tu as gardé le bon vin jusqu'à présent." Tel fut le commencement des signes de Jésus ; c'était à Cana de Galilée. Il manifesta sa gloire, et ses disciples crurent en lui. »

Après avoir répondu un peu sèchement à sa mère, et avoir refusé d'agir, Jésus aurait donc transformé l'eau des jarres en vin. Une fois encore, les hypothèses rationalistes ne manquent pas pour expliquer le miracle. Selon la plus répandue, Jésus aurait pu se contenter de faire remplir d'eau des jarres contenant un épais résidu de vin et de miel, obtenant ainsi un excellent vin coupé d'eau, comme on avait l'habitude d'en consommer dans l'Antiquité. Mais dans ce cas, où serait le miracle ?

À vrai dire, ces tentatives d'interprétation rationnelle n'ont guère de sens dans le cas des noces de Cana, car l'exégèse scientifique considère que l'épisode est une invention de la part des rédacteurs de l'Évangile de Jean. Le fait qu'il ne soit évoqué par aucun des évangiles synoptiques en constitue déjà un indice. En outre, on sait que les rédacteurs de l'Évangile johannique aiment à se distinguer des évangiles synoptiques en attribuant à Jésus des miracles plus spectaculaires que ceux relatés par leurs collègues, et les noces de Cana ne dérogent pas à la règle. Enfin, et surtout, l'analyse de la construction du récit montre que l'épisode semble constituer au moins en grande partie une création littéraire dont le but serait purement théologique. Le récit – et tout particulièrement le dialogue entre Jésus et sa mère – contient en effet toutes les particularités propres à l'Évangile de Jean, ce qui conduit les exégètes à penser que les rédacteurs n'ont même pas repris la trame d'une tradition primitive, mais bien inventé un récit de toutes pièces, qui s'inscrit dans la structure littéraire et théologique du

Tout en cherchant à déterminer les habitudes de consommation du vin à l'époque, les archéologues sont parvenus à déterrer une jarre de pierre datant du Ier siècle, à proximité de l'église commémorative de Cana.

quatrième Évangile. Par ce premier miracle, Jésus montre la générosité de Dieu, et transforme les réjouissances pour une union terrestre en véritables noces divines, scellant ainsi une nouvelle alliance entre Dieu et les humains. Quant au changement de cette eau en vin, il pourrait symboliser le remplacement du judaïsme par le christianisme.

Faut-il alors conclure à l'absence totale, dans la vie du Jésus historique, d'un épisode ayant pu inspirer la scène des noces de Cana ? Pas nécessairement, mais la question n'est plus du ressort des historiens, qui ne peuvent conclure qu'à l'absence de sources suffisantes pour l'affirmer.

Jésus, guérisseur et exorciste ?

Parmi les miracles de Jésus, les plus nombreux concernent des guérisons de malades ou de mourants. Ils font apparaître Jésus sous les traits d'un guérisseur. Contrairement aux miracles précédents, cette activité de guérisseur

Parmi les très nombreuses scènes de guérisons miraculeuses figure notamment celle de la belle-mère de l'apôtre Pierre.

pourrait bien rassembler les rationalistes hostiles au caractère miraculeux des événements, et les fidéistes qui les reconnaissent. En effet, tout indique que certaines des guérisons miraculeuses relatées par les Évangiles ont une crédibilité historique. En outre, elles peuvent être considérées aussi bien comme des miracles que comme de simples guérisons.

Parmi ces nombreuses scènes figure notamment celle qui s'attache à la belle-mère de l'apôtre Pierre, évoquée par trois des quatre évangélistes, et bien représentative de ces épisodes par sa brièveté même. D'après l'Évangile de Matthieu, « Jésus se rendit ensuite à la maison de Pierre, dont il vit la belle-mère couchée et ayant la fièvre. Il toucha sa main, et la fièvre la quitta ; puis elle se leva, et le servit. »

Autre épisode célèbre, la guérison de l'aveugle de Bethsaïde n'est racontée que dans l'Évangile de Marc. Selon ce récit, Jésus fut sollicité lors de son arrivée dans la ville galiléenne de Bethsaïde pour guérir un aveugle. « Jésus prit l'aveugle par la main et le conduisit hors du village, puis il lui mouilla les yeux avec sa salive, lui imposa les mains et lui demanda : "Est-ce que tu vois quelque chose ?" L'aveugle regarda et répondit : "J'aperçois des hommes, mais je les vois comme des arbres qui marchent." Jésus posa de nouveau ses mains sur les yeux de l'aveugle. Alors celui-ci vit clair ; il était guéri et voyait tout distinctement. » Jésus aurait renvoyé l'aveugle chez lui, en lui recommandant de ne pas passer par le village, car il souhaitait garder le secret sur cette guérison miraculeuse, comme sur plusieurs autres, par souci de ne pas agir avec ostentation.

Outre ces épisodes célèbres, les miracles de Jésus en tant que guérisseur comportent de nombreuses autres scènes. Ainsi Jésus aurait-il pratiqué des guérisons sur des aveugles, sur un homme à la main paralysée, sur plusieurs lépreux, sur un paralytique, sur un sourd-muet... Le tout en des lieux variés, qui ne sont pas toujours précisés dans le récit : près de Jéricho, en Galilée, à Génésareth, à Décapole, à Bethesda... Au total, pas moins de dix-huit guérisons miraculeuses sont évoquées par les évangélistes. En outre, Jésus procède également à des exorcismes sur des êtres possédés par le démon. Ainsi, par exemple, à Capharnaüm, dans un épisode mentionné par Marc et par Luc, qui intervient alors que Jésus enseignait dans une synagogue : « Il se trouva dans leur synagogue un homme qui avait un esprit impur, et qui s'écria : "Qu'y a-t-il entre nous et toi, Jésus de Nazareth ? Tu es venu pour nous perdre. Je sais qui tu es :

le Saint de Dieu." Jésus le menaça, disant : "Tais-toi, et sors de cet homme." Et l'esprit impur sortit de cet homme, en l'agitant avec violence, et en poussant un grand cri. Tous furent saisis de stupéfaction, de sorte qu'ils se demandaient les uns aux autres : "Qu'est-ce que ceci ? Une nouvelle doctrine ! Il commande avec autorité même aux esprits impurs, et ils lui obéissent !" »

Bien sûr, ces différentes guérisons ou exorcismes miraculeux ont été considérés par l'Église avant tout pour leur portée symbolique, qui autorise de multiples interprétations. Dans l'épisode de l'aveugle de Bethsaïde, Jésus doit s'y reprendre à deux fois pour qu'il recouvre complètement la vue ; c'est ainsi suggérer à ses disciples qu'il leur faudra plusieurs étapes pour marcher dans la lumière divine et la comprendre enfin.

La résurrection de la fille de Jaïre : simple guérison ?

Si certains miracles constituent des inventions littéraires, il semble bien que l'activité de guérisseur de Jésus constitue un aspect hautement vraisemblable de la vie du Jésus historique, ne serait-ce que par le nombre des scènes de ce type rapportées par les Évangiles. Beaucoup d'historiens remarquent d'ailleurs que la tradition des miracles de Jésus apparaît « au bout du compte plus fermement soutenue par les critères d'historicité que ne le sont beaucoup d'autres éléments, largement acceptés par ailleurs, du récit évangélique » (Mgr Joseph Doré).

Au-delà des simples guérisons, les Évangiles prétendent que Jésus serait à l'origine de véritables résurrections, comme celle de Lazare, mentionnée seulement dans l'Évangile de Jean, ou celle d'un jeune homme à Naïn, évoquée par Luc. Mais de toutes ces scènes de résurrection supposée, la plus intéressante historiquement est celle de la fille de Jaïre, qui est relatée dans les trois Évangiles synoptiques.

Dans l'Évangile de Marc, l'épisode survient juste après l'exorcisme du possédé de Gerasa, le jour de Kippour. Un dénommé Jaïre – un notable, peut-être membre du conseil de direction d'une synagogue – vient alors demander à Jésus de venir soigner sa fille de douze ans, qui semble agonisante. Imploré par ce notable, Jésus consent à se rendre jusque chez lui pour soigner la malheureuse. C'est d'ailleurs sur le chemin que se produit l'épisode de la femme hémorroïsse. Mais le temps d'arriver à destination, la jeune fille est déclarée morte. Plusieurs personnes viennent alors l'annoncer à Jaïre, mais Jésus n'en tient pas compte : il entre chez Jaïre et s'approche de la victime. « Lorsque Jésus fut arrivé à la maison du chef, et qu'il vit

Au total, pas moins de dix-huit guérisons miraculeuses sont évoquées par les évangélistes.

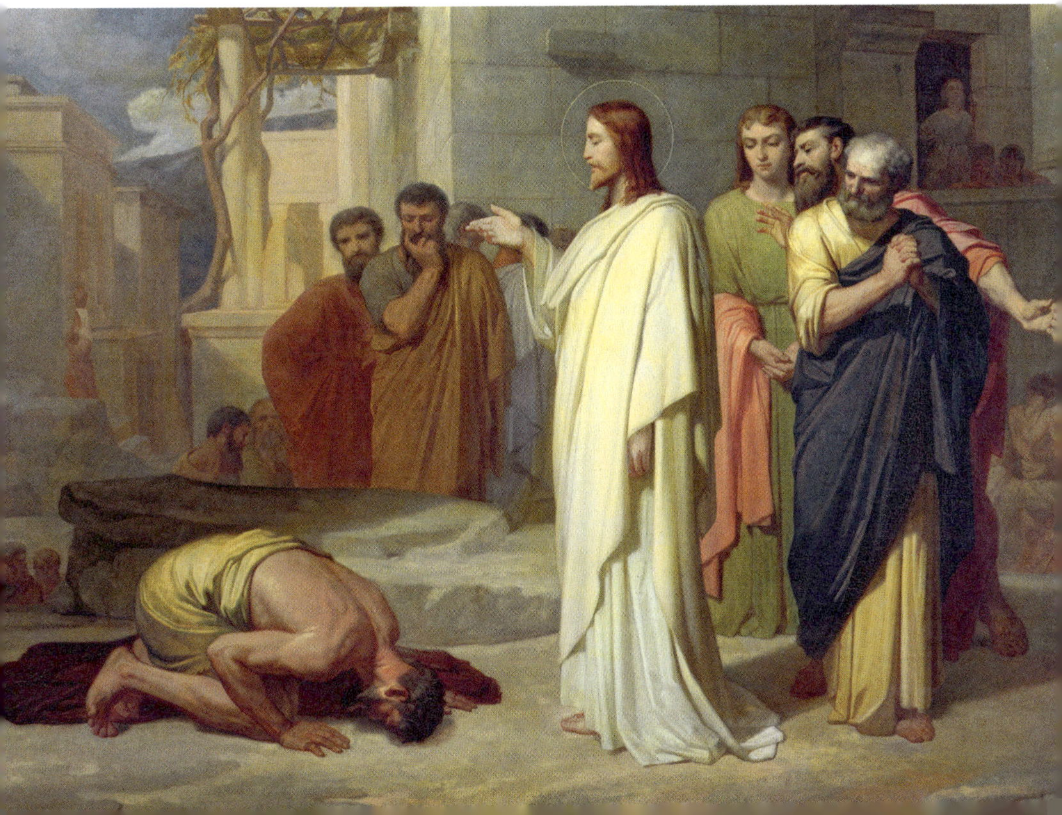

les joueurs de flûte et la foule bruyante, il leur dit : "Retirez-vous ; car la jeune fille n'est pas morte, mais elle dort." Et ils se moquaient de lui. Quand la foule eut été renvoyée, il entra, prit la main de la jeune fille, et la jeune fille se leva. Le bruit s'en répandit dans toute la contrée. »

Il est remarquable que dans le récit qu'en donne Marc, l'événement n'est pas présenté comme une véritable résurrection : si l'on en croit Jésus, la jeune fille était simplement endormie. Or le fait que la victime ait été seulement réanimée par Jésus, et non ressuscitée, réduit la portée du miracle, ce qui joue en faveur d'un fond d'authenticité. Ce n'est que sous la plume des autres évangélistes, qui écrivent plus tardivement que Marc, que le récit prend l'allure d'une véritable résurrection. Comme le note Thierry Murcia, « du point de vue historique, il est presque inimaginable qu'un récit de résurrection se soit transformé en un épisode de simple guérison. La démarche inverse est en revanche vraisemblable. » En outre, tel que le rapportent les rédacteurs marciens, le récit de la réanimation de la jeune fille est tout à fait vraisemblable. L'épisode peut en effet s'interpréter en termes médicaux : comme il se déroule un jour de Kippour, où le jeûne est imposé, la jeune fille pourrait fort bien avoir été victime d'un malaise, voire d'un coma hypoglycémique. D'ailleurs, dans certaines relations, après avoir déclaré que la jeune fille dormait, Jésus demande qu'on lui donne à manger. Or on sait aujourd'hui qu'en cas d'hypoglycémie non fonctionnelle, il suffit de faire ingérer du sucre à la victime pour qu'elle reprenne conscience. D'ailleurs, la Mishna elle-même précise bien que si une femme enceinte fait un malaise le jour de Kippour, il faut immédiatement lui donner à manger. Le fait que la jeune fille du récit ait été déclarée morte n'a pas de quoi surprendre non plus, car une perte de connaissance,

De toutes les scènes de résurrection supposée, la plus intéressante historiquement est celle de la fille de Jaïre.

doublée d'un arrêt respiratoire momentané, pouvait être confondue avec la mort.

Les deux autres épisodes de résurrection mentionnés par les Évangiles sont moins bien établis historiquement, et pourraient résulter d'amplifications inspirées par la scène impliquant la fille de Jaïre. La résurrection d'un jeune homme à Naïn ne fait d'ailleurs l'objet que d'un récit très bref dans l'Évangile de Luc. Ému par la vision d'une mère éplorée près du cercueil de son fils, Jésus touche le corps de ce dernier, et lui dit : « Jeune homme, je te le dis,

Ému par la vision d'une mère éplorée près du cercueil de son fils, Jésus touche le corps de ce dernier, et lui dit : « Jeune homme, je te le dis, lève-toi. »

lève-toi. » Le mort se redresse alors dans son cercueil et se met à parler. Faute d'indices lui donnant davantage de crédibilité, ou de relations supplémentaires à celui narré par Luc, l'épisode ne peut être considéré comme doté d'une historicité.

Rapportée par Jean uniquement, la résurrection de Lazare semble encore plus suspecte. Jésus reçoit un message des deux sœurs de Lazare, Marthe et Marie de Béthanie, qui implorent son aide pour leur frère malade. Après avoir différé son départ, Jésus arrive à Béthanie alors que Lazare est mort et enterré depuis quatre jours. Jean relate alors une scène spectaculaire et lourde de sens théologique : « Marthe, la sœur de Lazare, vient à la rencontre de Jésus et lui dit : “Si tu avais été ici, mon frère ne serait pas mort." Jésus assure à Marthe que son frère ressuscitera et déclare : "Je suis la résurrection et la vie : celui qui croit en moi, encore qu'il soit mort, il vivra. Et quiconque vit, et croit en moi, ne mourra jamais ; crois-tu cela ?" Marthe affirme qu'elle croit vraiment et déclare : "Oui, Seigneur, je crois que tu es le Christ, le Fils de Dieu, qui devait venir au monde." [...] Après avoir demandé où il a été enterré, Jésus demande que la pierre de la tombe soit enlevée, mais Marthe intervient et déclare qu'il y aura une odeur.

Dans l'Évangile de Jean : une surenchère miraculeuse

Attribué aux années 80 à 110 de notre ère, l'Évangile de Jean est le dernier des quatre Évangiles dans la chronologie de rédaction de la Bible. Or, pour mieux se distinguer des trois Évangiles qui l'ont précédé, les rédacteurs johanniques semblent s'être livrés à une véritable surenchère dans l'importance des miracles réalisés par Jésus, qui sont de plus en plus spectaculaires. Jésus guérit-il un aveugle dans les évangiles synoptiques ? Il guérit un aveugle de naissance dans l'Évangile de Jean. Jésus réanime-t-il des jeunes gens quelques instants après leur mort supposée ? Chez Jean, il procède à la résurrection d'un mort enterré depuis quatre jours. A-t-il partagé les pains et les poissons ? Il transforme l'eau en vin sous la plume de Jean. Est-il capable de calmer la tempête ? Il marche sur l'eau dans l'Évangile johannique ! Bref, comme le résume avec humour le bibliste John Paul Meier, « tout ce que le Jésus des synoptiques sait faire, le Jésus johannique le fait mieux encore ». Bien sûr, cette surenchère dans le spectaculaire ne joue pas en faveur de la crédibilité des épisodes relatés par les rédacteurs johanniques.

À quoi Jésus répond : “Ne t’ai-je pas dit que si tu crois, tu verras la gloire de Dieu ?” Il crie alors à haute voix : “Lazare, sors !” Le mort en sort, les mains et les pieds enveloppés de bandes de lin et d’un chiffon autour du visage. Jésus leur dit : “Déliez-le, et laissez-le aller.” »

Déjouant les tentatives d’interprétation rationnelle, le texte est donc empreint d’une forte dimension apologétique et théologique. Il s’insère d’ailleurs dans la chaîne d’événements qui, dans l’Évangile de Jean, mène à la Crucifixion. Il existe donc de fortes chances pour que la scène constitue une véritable fiction, née de la tendance des rédacteurs johanniques à surenchérir sur leurs collègues pour que les miracles de Jésus apparaissent plus spectaculaires que ceux relatés par les Évangiles.

Le caractère inattendu de la Résurrection

Miracle d’une toute autre nature que les guérisons précédentes, la résurrection de Jésus joue un rôle fondamental dans la nature même de la Révélation chrétienne. De façon curieuse toutefois, cet épisode essentiel n’est pas relaté explicitement dans les Évangiles, qui se contentent de constater que le corps de Jésus a disparu et que celui-ci apparaît à plusieurs reprises aux apôtres.

À la suite de la Crucifixion en effet, le corps de Jésus aurait été placé dans un tombeau vide, grâce à l’intercession de Joseph d’Arimathie. D’après les Évangiles toujours, le tombeau aurait été retrouvé vide quelques jours plus tard par plusieurs femmes, dont Marie de Magdala, le corps ayant disparu de façon inexplicable. Toutefois, les Évangiles diffèrent quant aux modalités exactes de la découverte. D’après la première version de l’Évangile de Marc, qui fut plus tard complétée pour mieux concorder avec les autres, les femmes auraient découvert le tombeau vide et se seraient enfuies, apeurées. D'après l'Évangile de Matthieu, un ange aurait annoncé la Résurrection aux femmes présentes devant le tombeau, avant que Jésus lui-même ne leur apparaisse. Selon l'Évangile de Luc, la Résurrection leur aurait été annoncée par deux hommes présents sur place. D'après celui de Jean enfin, ce serait la seule Marie de Magdala qui aurait découvert le tombeau vide, et aurait alerté Pierre. Restée à pleurer seule sur le tombeau, elle voit ensuite apparaître un jardinier, en qui elle finit par reconnaître Jésus, lequel lui annonce qu'il retourne vers son père.

Avant son Ascension toutefois, Jésus apparaîtra à plusieurs reprises aux apôtres. Et, une fois encore, les évangélistes ne s'accordent pas à ce sujet, aucune de ces multiples apparitions n'étant évoquée par plus de deux Évangiles à la fois. Seule l'apparition de Jésus sur le mont des Oliviers avant son Ascension est mentionnée à la fois par Marc, par Luc, et dans les Actes des Apôtres. Mais toutes les sources s'accordent sur le fait que Jésus ne reprend pas sa place parmi les disciples : il ne fait plus que de brèves apparitions.

L'exégèse scientifique s'est longuement penchée sur le récit de la Résurrection et des apparitions postérieures de

Les miracles ont forgé la réputation de Jésus. Mais ce qui va changer le cours de l'histoire, c'est sa résurrection d'entre les morts.

Jésus. Il semblerait que la tradition orale d'une résurrection de Jésus remonte aux années 30 de notre ère, donc très peu de temps après sa mort. Cette tradition aurait été reprise dans les épîtres de Paul, rédigées à partir de l'an 50, puis dans les différents Évangiles, qui furent écrits entre les années 60 et le début du IIe siècle. L'élément le plus solide de cette tradition semble être la découverte du Tombeau vide par des femmes de l'entourage de Jésus, car le récit primitif de l'Évangile de Marc se limite à ce constat – les récits plus développés comportant une apparition de Jésus sont postérieurs. En outre, l'historicité d'un tombeau découvert par des femmes semble renforcée par le fait que, selon la loi juive, des femmes ne pouvaient témoigner valablement. L'invalidité même de ces témoins indiquerait que l'on n'a pas cherché à modifier la réalité – ou du moins la tradition primitive – sur ce point. De même, la découverte d'un simple tombeau vide ne constitue pas une preuve valide, puisque le corps aurait pu simplement avoir été enlevé, ce qui tendrait à renforcer l'idée d'un fond d'authenticité.

En outre, si les récits des quatre évangélistes concernant les apparitions postérieures de Jésus manifestent une

C'est à la basilique du Saint-Sépulcre, au sommet du Golgotha, que l'on célèbre aujourd'hui le miracle absolu de la Résurrection.

forte diversité entre eux, ils s'accordent malgré tout sur quelques aspects. À commencer par le caractère inattendu de la Résurrection, qui surprend tout le monde et laisse les apôtres incrédules. Les Évangiles s'accordent également sur l'absence totale de description de cette résurrection : on se contente de constater le Tombeau vide, et les apparitions postérieures de Jésus. Mais, au contraire des Évangiles apocryphes, nul ne prend le risque de décrire la Résurrection ou la sortie du Tombeau, ni même le Ressuscité lui-même. Cette absence d'explication, de même que l'étonnement des apôtres, peuvent contribuer à une présomption d'historicité à la base du récit.

Cependant, face au principe même de la Résurrection, deux positions extrêmes s'opposent : d'une part, l'accréditation du phénomène physique, que reconnaissent les chrétiens ; d'autre part, son refus total. Mais la perspective rationaliste oblige-t-elle à écarter en bloc le récit des Évangiles ? Pour beaucoup d'historiens, la croyance en la Résurrection peut difficilement résulter d'une totale invention de la part des disciples du Christ, pour la simple raison que dans ce cas, c'est probablement une histoire plus cohérente qui aurait vu le jour.

L'historien Géza Vermes considère ainsi que plusieurs théories peuvent être envisagées pour expliquer les témoignages ayant conduit à l'idée de résurrection, et tout particulièrement la découverte du tombeau vide, qui semble dotée d'une certaine historicité. D'abord, le corps de Jésus aurait tout simplement pu être volé par des disciples, parce qu'ils étaient désireux soit de faire croire à la Résurrection, soit de garder le corps auprès d'eux. Cette rumeur d'un vol du cadavre semble d'ailleurs avoir effectivement circulé au cours du Ier siècle. Une autre possibilité serait que la tombe présentée comme celle de Jésus ne soit tout simplement pas la sienne, ce qui expliquerait l'absence de corps. Dans un autre ordre d'idées, Jésus aurait pu être encore vivant au moment de sa mise au tombeau : comme la fille de Jaïre, le supplicié aurait pu tomber dans le coma, et se réveiller trois jours après. L'historien Flavius Josèphe évoque d'ailleurs des cas de survivants au supplice de la croix. Jésus aurait-il été l'un d'eux ? On ne peut l'écarter tout à fait, car on sait que son corps fut retiré assez rapidement, mais dans ce cas il serait possible de considérer comme miraculeux son réveil trois jours plus tard, surtout compte tenu des graves blessures aux mains et aux pieds engendrées par le clouage sur la Croix... Une dernière explication possible serait de considérer les apparitions de Jésus après sa mort comme de simples hallucinations de la part de ses disciples, mais l'explication semble peu compatible avec l'extrême étonnement, l'incrédulité ou même la peur qu'ils manifestent devant ces apparitions... sauf à considérer que ces réactions aient été inventées dans le but de crédibiliser l'ensemble du récit. Certains historiens considèrent d'ailleurs que les récits d'apparitions figurant dans les Évangiles constituent des ajouts tardifs, peut-être rédigés seulement au IIe siècle, laissant ainsi planer de forts doutes quant à leur historicité.

Faut-il en conclure que la Résurrection ne relève pas de faits vérifiables, et que par conséquent elle ne relève pas de la science historique, mais bien de la croyance et de la foi ? C'est là l'avis de nombreux exégètes.

Le Saint-Suaire, miracle ou fausse relique ?

Tous les Évangiles précisent qu'avant de déposer Jésus dans son tombeau, Joseph d'Arimathie aurait enveloppé son corps dans un linceul. L'Évangile de Jean est le seul à pré-

Au XIXe siècle, un militaire anglais protestant du nom de Charles Gordonne reconnaît la forme d'un crâne sur une falaise en dehors des murs de Jérusalem. Persuadé que le Golgotha se trouve ailleurs qu'au Saint-Sépulcre, il identifie un jardin de mille mètres carrés : le « Jardin de la Tombe », dont le lieu ne convainc pas tous les historiens et les archéologues.

ciser que ces linges se trouvent encore dans le tombeau à l'issue de la Résurrection. Il évoque même plus précisément « le suaire qui avait entouré la tête de Jésus », et qui était « non pas posé avec les linges, mais roulé à part à sa place ». C'est tout ce que précisent les Évangiles à propos de ce qu'on appellera plus tard le Saint-Suaire. Mais d'après une tradition plus tardive – et peut-être par confusion avec d'autres traditions, comme celle du voile de sainte Véronique – l'image du visage du Christ se serait miraculeusement imprimée sur le suaire utilisé pour recueillir sa dernière sueur.

Dès les premiers siècles du Moyen Âge, de nombreuses reliques sont présentées comme celles du Saint-Suaire, du voile de Véronique, ou encore du Mandylion d'Édesse, une autre étoffe sur laquelle le visage du Christ se serait miraculeusement déposé. L'une des plus célèbres de ces reliques se trouvait à Constantinople, où l'on perd sa trace à partir de 1204, à la suite du sac de la ville par les Vénitiens. Mais aujourd'hui encore, une mystérieuse relique est considérée par certains comme le Saint-Suaire ayant enveloppé le corps du Christ… Conservée dans la cathédrale de Turin, cette relique exceptionnelle prend la forme d'un grand drap de lin, long de près de quatre mètres cinquante et large de plus d'un mètre. Sur toute sa longueur, le tissu semble « imprimé » de l'image floue d'un homme, figurant de face et de dos, allongé et les bras croisés sur le bas-ventre. Au niveau des mains, des pieds et du front, des traces plus sombres semblent correspondre à des taches de sang, tandis que le dos semble lacéré de plusieurs dizaines de blessures correspondant à des coups de fouet. Pour bien des croyants, cela ne fait aucun doute : l'image de ce corps mort figurant sur le drap ne peut être que celle du corps du Christ, portant encore les stigmates de sa flagellation, de sa couronne d'épines, et de sa crucifixion. Le drap en question serait donc le Saint-Suaire, retrouvé dans le Tombeau à l'issue de la Résurrection.

C'est d'ailleurs ainsi que l'objet est présenté lorsqu'il apparaît dans la seconde moitié du XIVe siècle, dans la collégiale de Lirey, en Champagne. Mais immédiatement, la relique supposée est dénoncée comme un faux : l'évêque de

Il existerait une preuve physique de la Résurrection : le linceul qui aurait entouré le corps du Christ.

Troyes affirme même avoir découvert le faussaire à l'origine de la supercherie, tandis qu'en 1390 le pape autorise que le drap soit montré aux fidèles, mais interdit expressément de le considérer comme une relique authentique. Passé aux mains des ducs de Savoie à partir du XVe siècle, le drap est conservé à partir de 1578 dans la cathédrale de Turin. Quelque peu tombé dans l'oubli, le drap de Turin connaît une nouvelle gloire grâce à l'avènement de la photographie : en 1898, l'avocat et photographe Secondo Pia publie une image en négatif du visage de Jésus tel qu'il apparaît sur le drap. Le résultat est saisissant : le visage du Christ semble plus réel que jamais. Dès lors, le débat sur l'authenticité du suaire de Turin est relancé, et il agite tout le XXe siècle, au point de faire de cette étoffe l'objet le plus étudié de l'histoire.

Les partisans de l'authenticité remarquent de nombreux détails troublants, comme la position de la blessure de la main droite, qui semble se situer non pas dans la paume, mais dans le poignet. Or on sait que lors des crucifixions antiques, les clous n'étaient pas plantés dans la paume des mains, car alors le poids du corps faisait se déchirer la chair, mais bien dans les os du poignet. Si le drap était un faux, comment expliquer que le faussaire ait pu représenter ce détail correctement, alors même que toutes les représentations médiévales figurent des clous plantés dans la paume ? Au contraire, les défenseurs de l'hypothèse d'une fausse relique insistent sur le fait qu'avant d'être enveloppé dans son linceul et mis au tombeau, le corps d'un mort était systématiquement nettoyé, de sorte que la subsistance de grandes taches de sang semble tout à fait improbable.

Dans la seconde moitié du XXe siècle, les progrès technologiques enrichissent encore le débat. En 1978 est lancée une vaste étude internationale, le Shroud of Turin Research Project (STURP), visant à déterminer si l'objet est authentique ou non. Cependant, de forts doutes entourent la démarche scientifique mobilisée par ce projet, car le STURP est l'émanation de la confrérie du Saint-Suaire de Turin, une association catholique dont le but avoué est de défendre l'authenticité du linceul. L'entreprise ne comptait donc que des scientifiques déjà convaincus de l'authenticité du suaire. En outre, les résultats de l'étude – publiés en 1981 – affirment que les colorations visibles sur l'étoffe de lin ne comportent aucune trace de pigment. Mais pour arriver à ces conclusions, le STURP a dû se débarrasser de Walter McCrone, reconnu à l'époque comme le meilleur spécialiste mondial de microscopie, car celui-ci concluait au contraire à l'existence, sur le tissu, de particules d'ocre et de vermillon, deux pigments très répandus au Moyen Âge. Selon ce même scientifique, l'ensemble de l'image aurait été obtenu en pressant le drap contre un véritable corps enduit d'ocre rouge. Les taches de « sang » auraient été appliquées ensuite à l'aide d'un vermillon obtenu à partir de sulfure de mercure.

Il faut cependant attendre 1989 pour que la vérité éclate enfin, à l'aide d'une analyse au carbone 14 pratiquée sur le tissu du suaire. Régie par un protocole rigoureux, et réalisée sous l'égide d'une institution indépendante et internationalement reconnue (le British Museum), l'analyse fut confiée à trois laboratoires différents situés à Oxford, Zurich et Phoenix en Arizona. Pour s'assurer de la qualité des datations, chaque laboratoire reçut alors un échantillon du suaire, et trois échantillons de référence dont la datation était déjà connue. Or, les conclusions obtenues sont sans appel : alors que les échantillons de référence sont correctement datés, les trois laboratoires concluent que l'étoffe du suaire de Turin a été fabriquée au XIIIe ou au XIVe siècle, donc en plein Moyen Âge, peu de temps avant l'apparition « miraculeuse » du suaire en Champagne… Dès leur publication, ces résultats ont été acceptés par le pape Jean-Paul II et par l'évêque de Turin, qui ne s'étaient d'ailleurs jamais prononcés en faveur de l'authenticité du suaire de Turin.

Malgré ces preuves scientifiques irréfutables, l'authenticité du suaire de Turin est toujours défendue aujourd'hui par de nombreux irréductibles, qui rejettent en bloc les résultats de l'analyse au carbone 14 – pourtant on ne peut plus rigoureuse – et mettent en avant les conclusions de l'étude partisane et douteuse de 1978. Preuve s'il en fallait de l'extraordinaire engouement qui existe aujourd'hui encore autour de cette image supposée du corps du Christ. Pourtant, il n'est nul besoin de s'accrocher à ce remarquable faux pour reconnaître le fond d'authenticité qui entoure certains des miracles accomplis par Jésus. Loin d'amoindrir la foi chrétienne, la démarche visant à inscrire ces derniers dans une réalité concrète et rationnelle permet au contraire d'asseoir pleinement les miracles de Jésus dans l'histoire.

En 1898, un avocat de Turin obtient l'autorisation exceptionnelle de photographier le linceul. En développant ses négatifs, il est pétrifié par le résultat.

ARCA· TESTAMENTI
DAVID
IDITHUN
HEMAN

À LA RECHERCHE DE *l'Arche d'alliance*

Dans l'histoire mondiale, peu d'objets sont à l'origine d'autant d'écrits théologiques, de travaux historiques, d'interprétations scientifiques, mais aussi de légendes et de fantasmes en tous genres que l'Arche d'alliance.

Mentionnée plus de deux cents fois dans la Bible hébraïque, présente également dans le Nouveau Testament et dans le Coran, l'Arche fut longtemps l'objet le plus sacré du judaïsme, et c'est pour l'accueillir dans un sanctuaire digne d'elle que Salomon aurait érigé le premier temple de Jérusalem. Mais si l'Arche a suscité autant de passions, c'est aussi parce qu'elle disparaît dans des conditions énigmatiques en 586 avant J.-C. Depuis, un grand mystère l'entoure, et nombreux sont ceux qui espèrent retrouver sa trace, perdue il y a plus de deux mille cinq cents ans.

Qu'elles soient scientifiques, religieuses ou ésotériques, l'Arche est l'objet de toutes les quêtes, depuis des siècles et

Par sa disparition énigmatique, passée sous silence par la Bible, l'Arche est devenue encore plus fascinante, objet de multiples spéculations et but d'une quête sans fin.

jusque dans les célèbres films d'aventure de la saga *Indiana Jones*... Au-delà des légendes et de sa place dans la culture populaire, que sait-on réellement de l'Arche d'alliance ? D'après la Bible hébraïque, l'Arche serait le coffre qui aurait renfermé les Tables de la Loi gravées par Yahvé lui-même et remises à Moïse sur le mont Sinaï. Mais l'objet suscite d'innombrables questions... A-t-il véritablement accueilli les Tables de la Loi et uniquement ces tables, comme le prétend la Bible ? L'Arche était-elle dotée de pouvoirs d'apparence surnaturelle comme le disent certains, ou bien les événements étranges qui l'entourent ne sont-ils que l'indice d'un interdit pesant sur elle ? Que pouvait-il exister à l'intérieur de l'Arche pour que nul ne soit autorisé à y regarder, sous peine de punition divine ? Enfin, qu'est devenue l'Arche après la prise de Jérusalem par les Babyloniens en 586 avant notre ère ?

Sans tomber dans les écueils d'une quête sans fin de l'objet matériel, qui n'a plus guère de sens aujourd'hui, la recherche de l'Arche d'alliance doit se faire avant tout à partir de l'exploration de la Bible hébraïque, et des multiples strates rédactionnelles qui la composent. C'est en effet à travers cette réalité, celle des contextes d'écriture des différentes parties de la Bible, que l'on peut le mieux appréhender la nature et la fonction de l'Arche d'alliance historique. Quant à l'archéologie, elle permet de passer au crible les théories des historiens biblistes, et d'identifier certains des sanctuaires où l'Arche a pu séjourner, parfois durant plusieurs siècles. C'est à travers cette double investigation, par l'exégèse scientifique des écrits et par l'archéologie, que l'on peut espérer comprendre la nature et l'histoire de la véritable Arche d'alliance. Loin de perdre en substance, le récit religieux se trouve enrichi par cet approfondissement scientifique, au sujet d'un objet qui stimule l'imagination de tous depuis près de trois millénaires...

L'Arche d'alliance : réceptacle des Tables de la Loi

Les travaux des exégètes scientifiques ont montré que les livres de la Bible hébraïque sont le résultat d'une rédaction entreprise par couches successives et à partir de différentes traditions, pour l'essentiel entre le VIIIe et le IIe siècle avant notre ère. Ils se composent donc de récits variés, forgés à différentes époques, au sein desquels les rédacteurs ont tenté d'établir une cohérence globale en procédant à des ajouts, réécritures ou corrections. Les récits concernant l'Arche d'alliance n'échappent pas à ce processus de fabrication par strates successives, dont chacune est l'émanation d'un contexte historique particulier. Cependant, prise dans sa synchronie, en faisant abstraction de ces multiples couches rédactionnelles, la Bible offre un récit apparemment assez cohérent au sujet de l'Arche. Ce récit unitaire permet de retracer l'histoire « canonique » de l'Arche, telle que les

La Bible décrit très précisément l'Arche d'alliance. C'est entre les ailes des deux chérubins qu'est censée être la présence même de Dieu.

religions juive et chrétienne la reconnaissent, depuis l'époque de Moïse jusqu'au VIe siècle avant notre ère.

D'après cette interprétation canonique, Yahvé lui-même serait à l'origine de l'Arche d'alliance : il aurait en effet commandé à Moïse de fabriquer une arche (*arôn*, en hébreu), c'est-à-dire un coffre, pour y déposer – selon le livre du Deutéronome – les Tables de la Loi que Yahvé lui-même avait gravées pour le peuple hébreu. Moins précis, le livre de l'Exode affirme quant à lui que l'Arche contiendrait le « témoignage » laissé par Yahvé.

Dans le même passage de l'Exode, Yahvé décrit précisément à Moïse les caractéristiques de l'Arche telle qu'il lui faut la construire : l'objet aura la forme d'un coffre en bois d'acacia, couvert d'or pur à l'intérieur comme à l'extérieur, de dimensions assez modestes, environ 125 cm (deux coudées et demie) de longueur par 75 cm (une coudée et demie) de largeur et de hauteur. Ce coffre sera orné de quatre pieds, et de quatre anneaux d'or par lesquels passeront deux longues barres destinées à le porter. Yahvé commande également la construction d'un propitiatoire (*kapperêt*, en hébreu), destiné à être posé sur l'Arche comme un couvercle. Ce propitiatoire doit être orné de deux chérubins, c'est-à-dire deux créatures mythiques à tête d'homme, corps de lion ou de taureau, et ailes d'oiseau. Ces figures protectrices se feront face et déploieront leurs ailes de façon à protéger le propitiatoire et l'Arche ainsi recouverte.

Yahvé dit également à Moïse que la nouvelle Arche doit être placée dans un tabernacle (ou « demeure »), c'est-à-dire une sorte d'ancêtre du temple de Salomon, réalisé en matériaux légers : ce sanctuaire aura l'aspect d'une tente luxueuse, faite d'étoffe de lin brodée de chérubins, et entourée d'une enceinte de toile délimitant un vaste parvis, dont les dimensions sont données avec précision, et qui accueillera un autel en bois d'acacia. Un peu plus loin enfin, on apprend de la voix de Yahvé que l'ensemble de l'Arche, du propitiatoire et de la tente du Tabernacle doit être fabriqué par Beçaleel et Oholiab, les plus habiles à travailler le bois et les matériaux précieux. Enfin, alors que le transport de l'Arche est réservé aux lévites, le sacerdoce lié à la tente du Témoignage est confié à Aaron, le frère de Moïse, et à ses fils.

L'Arche est-elle dotée de pouvoirs surnaturels ?

Toujours selon le récit biblique, l'Arche semble avoir suivi les Hébreux dans leur marche vers le pays de Canaan, le Tabernacle constituant un lieu de culte mobile, une sorte de temple de Salomon itinérant. Elle réapparaît après que le peuple a erré durant quarante ans dans le

Après sept mois passés en pays philistin, l'Arche d'alliance est envoyée en Israël, à Beth Shemesh, sur un char tiré par deux bœufs et accompagné d'offrandes en or.

L'Arche joue un rôle majeur dans la prise de Jéricho.

désert, alors que Moïse vient de désigner Josué comme son successeur, avec la tâche de mener le peuple hébreu au-delà du Jourdain et de conquérir le pays de Canaan. Faisant venir l'Arche auprès de lui sur les rives du Jourdain, Josué harangue le peuple et affirme qu'à l'instant où les porteurs de l'Arche mettront les pieds dans les eaux du fleuve, celui-ci s'arrêtera de couler comme s'il était retenu par un barrage. Rappelant évidemment l'ouverture des flots de la mer Rouge par Moïse, le miracle se produit et l'Arche permet le passage du peuple hébreu.

Après la traversée du Jourdain, l'Arche joue à nouveau un rôle majeur dans la prise de Jéricho, la première ville du pays de Canaan conquise par les Hébreux conduits par Josué. Alors que la ville résiste à ces derniers, l'Arche est apportée sur le champ de bataille et promenée à sept reprises autour de la ville, alors que les prêtres soufflent dans sept trompettes. Le septième tour achevé, les murailles de la ville s'effondrent par la volonté de Yahvé, et Jéricho est rasée intégralement. Un peu plus tard, alors que les Hébreux sont tenus en échec devant la ville de Haï, Josué déchire ses vêtements et se prosterne devant l'Arche. Yahvé lui redonne confiance et l'encourage à tenter à nouveau de prendre la ville, qui tombe finalement.

La bataille de Jéricho, une invention à dimension étiologique

La chronologie biblique permet d'estimer que la bataille de Jéricho, au cours de laquelle l'Arche aurait provoqué l'effondrement des murailles de la ville, aurait eu lieu entre 1315 et 1210 avant notre ère. Cependant, l'archéologie montre que cette chronologie est en réalité inenvisageable puisque le site de Jéricho, dont les origines remontent au neuvième millénaire avant notre ère, n'est quasiment plus occupé au cours du XIIIe siècle avant J.-C. La ville avait en effet été détruite vers 1550 avant J.-C., probablement par un séisme ou par une opération militaire égyptienne, et n'a été réoccupée de façon significative qu'à partir du VIIe siècle avant notre ère. Le récit de la bataille de Jéricho doit donc être appréhendé avant tout dans sa dimension étiologique, c'est-à-dire de recherche des causalités. Il a pour but de fournir une crédibilité au récit biblique, en inventant une cause à un état de fait observable au moment de la rédaction du récit. Dans le cas présent, celui-ci est constitué par la ruine de la ville et de ses murailles, que l'on explique par le récit de la bataille et l'intervention de l'Arche. Ce type de récit étiologique se retrouve à de multiples reprises dans la Bible.

La révélation faite à Samuel

Plusieurs générations plus tard, l'Arche joue à nouveau un grand rôle dans l'épopée de Samuel. Elle se trouve alors dans le sanctuaire de Silo, gardé par le grand-prêtre Éli, auprès duquel Samuel avait été déposé lorsqu'il était enfant. Alors qu'il était couché auprès de l'Arche, Samuel entendit Yahvé s'adresser directement à lui, ce qu'il ne comprit qu'à la troisième reprise, pensant d'abord que c'était simplement Éli qui l'appelait. Ainsi Samuel fut-il reconnu comme prophète et guide du peuple israélite.

Sous l'égide de Samuel, Israël engage une guerre contre les Philistins, mais ceux-ci infligent au peuple juif une lourde défaite entre Eben-Ezer et Aphek. Les Israélites prennent alors l'initiative d'aller chercher l'Arche d'alliance à Silo, pour la porter sur le champ de bataille, afin que Yahvé leur donne la victoire. Son arrivée dans le camp des Israélites, à Eben-Ezer, provoque de grands cris de joie et l'ébranlement de la terre. Bien que d'abord effrayés par sa présence, les Philistins emportent malgré tout la victoire. Pire encore, l'Arche elle-même est capturée et emportée par l'ennemi, qui tue au passage ses gardiens, Ophni et Phinée, les deux fils d'Éli, lequel meurt à son tour à l'annonce de ce drame.

Les Philistins emmènent alors l'Arche à Ashdod et la placent dans le temple de Dagon, l'un de leurs dieux. Mais sa présence semble déclencher une multitude de malheurs. Dès le lendemain de son introduction dans le temple, la statue de Dagon est trouvée étendue face contre terre, face à l'Arche. Bien que remise en place, elle est à nouveau trouvée gisante le surlendemain, et cette fois avec la tête et les mains brisées.

Finalement, après sept mois passés en pays philistin, l'Arche d'alliance est envoyée en Israël, à Beth Shemesh, sur un char tiré par deux bœufs et accompagné d'offrandes en or. Le char s'arrête dans le champ d'un certain Josué. Les Lévites la descendent alors du char, dont les bœufs sont offerts en sacrifice à Yahvé. Cependant, les habitants de Beth Shemesh se rendent coupable de regarder à l'intérieur, en réaction à quoi Yahvé frappe de mort plusieurs dizaines (ou milliers, selon les versions) d'entre eux. Terrorisés, les habitants de Beth Shemesh sollicitent alors ceux de Kiriath-Jearim pour qu'ils emportent l'Arche et la conduisent sur leur colline. Elle

Josué affirme qu'à l'instant où les porteurs de l'Arche mettront les pieds dans les eaux du Jourdain, celui-ci s'arrêtera de couler comme s'il était retenu par un barrage.

est alors placée dans la maison d'Abinadab, dont le fils Éléazar est désigné pour garder l'Arche de l'Éternel.

D'après le livre de Samuel qui relate tous ces événements, l'Arche serait demeurée dans le sanctuaire de Kiriath-Jearim durant vingt ans, au terme desquels David, roi d'Israël, décide de l'apporter dans sa cité, c'est-à-dire la future Jérusalem. David et tous les Israélites dansent et chantent autour de l'Arche, qui est convoyée sur un char conduit par Uzza. Mais celui-ci, voyant l'Arche prête à glisser du char lors d'un passage difficile, la retient de sa main. Il est alors frappé par Yahvé pour avoir osé toucher le coffre sacré. Effrayé, David dépose l'Arche dans la maison d'Obed-Édom à Gath, où elle reste durant trois mois. Finalement, elle est déposée à Jérusalem dans une tente-sanctuaire dressée par David. L'Arche ne quittera plus Jérusalem que pour accompagner la fuite de David lors de la révolte de son fils Absalom, mais il demande alors qu'elle soit rapportée à Jérusalem. À l'issue de la construction du premier temple par Salomon, l'Arche est introduite dans le sanctuaire qui a été élevé pour elle.

Elle passe alors plusieurs siècles à Jérusalem, qui est prise et ruinée par l'empereur babylonien Nabuchodonosor II, un événement bien daté historiquement, en l'an 587-586 avant notre ère. Dès lors, l'Arche disparaît des récits bibliques, sans d'ailleurs qu'on explique son absence, puisqu'elle ne figure pas dans la liste des objets emportés par les Babyloniens dans le Temple. C'est donc ici que s'arrête l'histoire de l'Arche d'après la Bible, et c'est ici également que débute le travail des historiens. En soumettant le récit biblique à une véritable exégèse scientifique, ces chercheurs ont permis de révéler, au moins en partie, la véritable histoire et la réelle nature de l'Arche.

D'après le livre de Samuel, David, roi d'Israël, décide d'apporter l'Arche dans la future Jérusalem. En chemin, alors qu'Uzza tente de retenir l'Arche qu'il voit glisser du char, il est instantanément foudroyé.

Plusieurs récits pour plusieurs traditions ?

S'il forme aujourd'hui un tout unitaire, le récit biblique se compose d'une multiplicité de strates historiques. Loin d'avoir été rédigé d'une traite, il a au contraire été composé par morceaux et par reprises ou réécritures successives apportées aux éléments antérieurs, et tout cela au cours d'une période largement postérieure aux événements narrés. Il faut donc comprendre ces strates dans toute leur complexité pour appréhender correctement la réalité historique de l'Arche d'alliance. Or, de l'analyse des multiples mentions qui en sont faites dans les livres de la Bible hébraïque,

Moïse explique comment Yahvé lui a ordonné de faire une arche en bois d'acacia pour y placer les nouvelles Tables de la Loi remplaçant celles qu'il a brisées.

il ressort que l'Arche apparaît dans plusieurs récits de nature et de contexte bien différents, qui ne concordent nullement entre eux quant à la nature même de l'Arche.

Le premier contexte est celui du livre de l'Exode, dans lequel on relate comment la construction de l'Arche aurait été ordonnée à Moïse par Yahvé. C'est ici qu'elle est décrite de la façon la plus précise, comme un coffre de bois plaqué d'or, couvert d'un propitiatoire protégé par des chérubins, le tout placé au cœur d'un sanctuaire construit en matériaux légers. Mais le récit de l'Exode comporte plusieurs éléments troublants. D'abord, le coffre n'est pas désigné sous son nom d'« Arche d'alliance », expression la plus couramment employée dans la Bible, mais sous celui d'« Arche du témoignage ». Plus important encore, les Tables de la Loi ne sont pas mentionnées. On ne parle que d'un « témoignage » à introduire dans l'Arche, un terme assez vague qui peut recouvrir de multiples réalités. En outre, Yahvé précise : « Fais-moi un sanctuaire, que je puisse résider parmi eux », ce qui laisse penser que c'est la présence de Yahvé lui-même qui est recherchée. Dans le contexte de la tradition à l'origine de la rédaction de l'Exode, l'Arche semble donc constituer un véritable sanctuaire, dont la raison d'être est la présence divine, doublé d'une fonction propitiatoire.

Le deuxième contexte est celui du Deutéronome, où, cette fois, l'Arche apparaît bien sous son nom d'« Arche d'alliance ». Narrateur supposé, Moïse explique comment Yahvé lui a ordonné de faire une arche en bois d'acacia pour y placer les Tables de la Loi, celles que Yahvé aurait regravées après que Moïse a brisé les premières. Cette fois, l'Arche est donc bien considérée comme le réceptacle des Tables. Cependant, sa description est beaucoup plus courte que dans le récit de l'Exode : les matériaux précieux, le propitiatoire formant couvercle, ou encore les chérubins ne sont nullement évoqués. À la fin du Deutéronome, on apprend qu'en plus des Tables de la Loi, qui ne contiennent que le Décalogue, c'est-à-dire les dix premiers commandements, Moïse aurait écrit sur un rouleau l'ensemble de la Loi, et que celui-ci aurait été placé à côté de l'Arche, ou peut-être à l'intérieur même de l'Arche, si l'on admet que le texte ait pu être modifié. Dans un passage du livre des Rois, l'Arche apparaît dans le même contexte : on la considère bien comme l'Arche de l'alliance, et l'on précise qu'« il n'y avait rien dans l'arche, sauf les deux tables de pierre que Moïse y déposa », c'est-à-dire les Tables de la Loi. Cette mention est d'ailleurs quelque peu suspecte, car une telle insistance sur l'absence de tout autre objet à l'intérieur de l'Arche laisse supposer qu'il pourrait exister – ou avoir existé – quelque chose d'autre à l'intérieur de l'Arche, dont la nature reste volontairement dissimulée. Le même contexte entoure l'Arche dans les écrits des Chroniques, plus tardivement rédigés que les précédents : on précise à nouveau que l'Arche n'abrite que les Tables de la Loi et rien d'autre, mais on insiste aussi sur sa fonction liturgique, les prêtres assurant un service permanent et des rituels quotidiens, dont le déroulement est précisément codifié.

Les livres de Josué et de Samuel offrent à l'Arche un troisième contexte et – pourrait-on dire – une troisième dimension. Dans le récit de la conquête du pays de Canaan par Josué, tout comme dans la lutte de Samuel contre les Philistins, l'Arche apparaît dans un contexte guerrier : elle est une sorte de sanctuaire transportable que l'on fait intervenir sur le champ de bataille, pour que Yahvé en personne donne la victoire à son peuple. Dans un chapitre du livre des Nombres et dans le Psaume 3, la même fonction est évoquée encore plus clairement, puisque l'Arche est décrite comme une maison portative pour Yahvé, dans laquelle il réside et dont il sort pour combattre pour Israël et vaincre les ennemis de son peuple.

Trois arches, ou une seule ?

Remarqués depuis longtemps par les exégètes scientifiques, ces trois récits différents au sujet de l'Arche ont fait naître une théorie selon laquelle il aurait pu exister matériellement non pas une, mais bien trois arches différentes, correspondant à trois époques et trois contextes distincts. Défendue notamment par le bibliste Joseph Gutmann, cette hypothèse distingue donc trois arches historiques : l'arche du livre de Samuel, sorte de demeure mobile de Yahvé gardée au sanctuaire de Silo puis transportée à Jérusalem ; l'Arche de l'alliance, contenant les Tables de la Loi, qui aurait été introduite au Temple sous le roi Josias au VIIe siècle avant notre ère ; et enfin l'Arche du témoignage telle qu'elle est évoquée dans l'Exode, et qui constituerait d'après Gutmann une invention des prêtres du second temple de Jérusalem, postérieure à la destruction de la ville en 586.

Cependant, la plupart des exégètes scientifiques actuels estiment que, plutôt que d'imaginer trois arches différentes, il faut considérer ces trois contextes d'apparition de l'Arche dans la Bible comme des réinterprétations de la même Arche,

On trouve le même type de sanctuaires mobiles dans d'autres civilisations voisines. Au Proche-Orient, il existe des représentations de Dieu transporté dans des boîtes.

Pendant leur long périple, les Hébreux abritent l'Arche d'alliance sous une tente sacrée appelée « tabernacle ». L'Arche est conservée au fond de la tente, dans sa partie la plus sacrée.

à des époques et dans des milieux différents. Il existerait donc plusieurs traditions, plusieurs façons d'interpréter l'Arche au cours du temps. Si bien que pour saisir la nature historique de l'Arche, il importe de s'intéresser aux traditions les plus anciennes, et de comprendre les évolutions intervenues ensuite, qui ont fait changer le discours porté sur l'Arche. Or, si l'on fait abstraction des réécritures postérieures qui parsèment le texte biblique, la tradition la plus ancienne qui entoure l'Arche n'est pas celle du Deutéronome et de l'Arche de l'alliance, ni celle de l'Arche du témoignage dans l'Exode, mais bien celle qui est présente dans les livres de Josué et de Samuel, où l'Arche est une sorte de demeure pour Yahvé, un sanctuaire portatif dans lequel réside Yahvé et dont il peut sortir. C'est là une indication de ce que fut sans doute véritablement l'Arche des origines, ou du moins l'Arche la plus ancienne que l'on puisse appréhender par les sources. L'existence de ce type de sanctuaire portatif, destiné à être sorti du sanctuaire pour les processions ou les expéditions, est d'ailleurs bien attestée historiquement en Assyrie et en Égypte, ce qui rend l'interprétation d'autant plus plausible.

Cependant, même dans ce contexte particulier qui est celui de la première tradition de l'Arche, il importe de débarrasser le texte de ses réécritures successives, qui placent l'Arche dans un contexte guerrier. En effet, les spécialistes de la littérature hébraïque sont parvenus à reconstituer le texte originel du livre de Samuel – l'un des plus composites de toute la Bible hébraïque – sans les additions et corrections pratiquées par les rédacteurs postérieurs. On s'aperçoit alors qu'il n'est pas question de l'Arche dans le récit originel du passage du Jourdain, de même que dans l'épisode de la chute de Jéricho : dans ce dernier contexte, le terme *arche* a tout simplement été substitué par les correcteurs postérieurs à celui de *peuple*. Dans le récit originel, c'est donc le peuple de Yahvé, et non l'Arche, qui tourne à sept reprises autour des murailles et provoque leur effondrement. L'implication de l'Arche dans ces épisodes, comme dans celui de la chute de Haï, ne constitue qu'un ajout tardif au récit de la conquête, mais il n'en témoigne pas moins de l'existence d'une tradition ancienne, qu'on retrouve d'ailleurs à travers le chapitre 10 du livre des Nombres et le Psaume 3, où l'Arche est à nouveau présentée comme un sanctuaire mobile dont Yahvé semble pouvoir surgir. Ici encore, les passages en question constituent des ajouts au texte, mais ils se veulent manifestement les héritiers d'une tradition ancienne.

Abstraction faite de ces ajouts postérieurs, la plus ancienne mention avérée de l'Arche dans le texte biblique correspond donc à celle du début du livre de Samuel, qui nous apprend simplement que l'Arche de Yahvé se trouvait alors au sanctuaire de Silo. C'est la première occurrence avérée de l'Arche dans la chronologie de formation du récit, et le témoignage d'une première tradition indépendante concernant l'Arche, la plus ancienne que l'on connaisse. Il est d'ailleurs remarquable que rien, dans le texte biblique, n'explique comment l'Arche est arrivée à Silo. Le lien avec les événements décrits comme antérieurs n'est pas établi par les rédacteurs. Cela semble confirmer que le récit de sa présence à Silo correspond bien à la tradition la plus ancienne concernant l'Arche. Or celle-ci n'apparaît pas, dans ce contexte, comme le réceptacle des Tables de la Loi. Alors, que contenait l'Arche selon cette première tradition, et que contenait réellement l'Arche historique ?

L'Arche et son mystérieux contenu…

Plus encore que sa nature exacte, le contenu de l'Arche a donné lieu à de multiples débats dans l'historiographie. Se fondant sur la vision deutéronomiste, l'interprétation canonique voudrait évidemment que l'Arche contienne les Tables de la Loi, et uniquement cela. Mais nous avons déjà vu que cette insistance même sur l'exclusion de toute autre chose peut précisément laisser supposer l'existence d'un autre contenu, dont on aurait souhaité cacher la présence. Le fait que les autres traditions bibliques n'évoquent pas les Tables de la Loi ne fait que renforcer cette présomption, rendant ainsi indispensable une réflexion sur le contenu de l'Arche.

À ce sujet, il faut d'abord remarquer que même les sources faisant état de la présence des Tables de la Loi ne concordent pas toutes entre elles. En effet, si les rédacteurs du Deutéronome insistent sur l'absence de tout autre objet que les deux Tables de la Loi, le Talmud de Babylone – contrairement à celui de Jérusalem – précise qu'on dépose dans l'Arche non seulement les deux Tables regravées par Yahvé, mais aussi les fragments des premières Tables brisées par Moïse, ainsi d'ailleurs que des vêtements sacrés. Cette présence d'objets supplémentaires en plus des deux Tables est rapportée aussi par la lettre aux Hébreux du

Le livre des Nombres relate que Moïse doit prendre le bâton d'Aaron et le déposer devant l'Arche du témoignage.

Nouveau Testament. Selon cette source, en effet, l'Arche de l'alliance renfermerait « un vase d'or qui contenait la manne, le bâton d'Aaron qui avait fleuri et les Tables de l'Alliance ». Bien qu'elle figure dans une source chrétienne, cette affirmation pourrait être le reflet d'une ancienne tradition judaïque, qui aurait été plus tard censurée dans les écrits juifs. Elle trouve d'ailleurs des correspondances fortes dans la Bible hébraïque, puisqu'on précise dans l'Exode qu'Aaron doit prendre un vase, le remplir de la manne, et le déposer devant Yahvé, tandis que le livre des Nombres relate que Moïse doit prendre le bâton d'Aaron et le déposer devant (ou dans ?) l'Arche du témoignage. Sans remettre en cause la présence des Tables de la Loi, ces quelques indices pourraient donner crédit à l'interprétation voulant que l'Arche ait abrité des objets supplémentaires, dont la présence fut dissimulée par les rédacteurs deutéronomistes.

Cependant, ces diverses théories concordent peu avec les traditions qui entourent l'Arche dans l'Exode et dans les livres de Josué et Samuel, qui ne mentionnent nullement la présence des Tables. Dans l'Exode en particulier, nous l'avons vu, il est dit que l'Arche contient le Témoignage, *édût* en hébreu, qui peut se prendre dans le sens de « stipulation ». Or, d'après le bibliste Thomas Römer, ce terme pourrait faire référence à une pratique bien attestée en Mésopotamie antique, celle des pierres de fondation : des pierres symboliques sur lesquelles sont gravées le récit de la construction du temple ou du palais en question. Selon cette interprétation, l'Arche aurait donc pu constituer un réceptacle pour des pierres de fondation du même type, contenant peut-être les instructions de Yahvé pour la construction même de l'Arche et de son sanctuaire – lesquelles sont remarquablement détaillées dans le récit de l'Exode. L'hypothèse expliquerait en outre le glissement observé vers la présence des Tables de la Loi,

La figure mythologique des chérubins est fréquemment utilisée pour orner les trônes royaux dans les civilisations mésopotamiennes. L'Arche aurait pu constituer une sorte de trône portatif.

lesquelles sont non seulement des pierres gravées, comme ces tablettes de fondation, mais aussi de véritables pierres de fondation symboliques pour la religion juive. Quant au contenu des pierres de fondation primitives, il aurait pu être retranscrit par les rédacteurs de l'Exode à l'intérieur du livre de l'Exode, alors même qu'on procédait à la substitution des pierres de fondation par les Tables de la Loi...

Une autre théorie consiste à considérer l'Arche comme le réceptacle, non des Tables de la Loi ou d'un quelconque objet concret, mais bien de la seule *shekina*, la présence divine. En effet, celle-ci est affirmée par de nombreux passages des livres de Josué et de Samuel, et même par certains passages du Deutéronome. Quant au targum de Jérusalem, il évoque à plusieurs reprise « le nom sacré qui se trouve dans l'Arche ». Ces multiples occurrences tendent à indiquer que l'on considérait, au moins dans certaines traditions, que l'Arche contenait initialement Yahvé lui-même. Dans le Coran d'ailleurs, l'idée de la présence divine dans l'Arche se combine avec celle des objets laissés par la famille d'Aaron : « en elle la *sakina* de votre Seigneur, et la *baqiya* de ce qui a été laissé de la famille de Moïse et de la famille d'Aaron ». En cela, l'interprétation du Coran est finalement assez proche de celle de la lettre aux Hébreux du Nouveau Testament, ce qui tend donc à renforcer l'hypothèse d'une tradition de ce type.

Enfin, une hypothèse proche de la précédente consiste à considérer que l'Arche aurait été conçue, non comme le réceptacle d'une présence divine, mais comme le trône de Yahvé. En effet, on sait que la figure mythologique des chérubins est fréquemment utilisée pour orner les accoudoirs de trônes royaux dans les civilisations mésopotamiennes, de sorte que l'Arche tout entière, couverte de son propitiatoire à deux chérubins, aurait pu constituer une sorte de trône portatif, sur lequel Yahvé aurait siégé de manière invisible. On objecte toutefois à cette hypothèse qu'il n'y aurait aucune raison à ce que l'Arche soit systématiquement décrite et nommée comme un coffre s'il s'agissait véritablement d'un trône...

Une Arche électrique ?

Au cours de l'époque moderne apparaît une nouvelle théorie quant au contenu de l'Arche, en lien avec le développement des connaissances scientifiques du temps. Dès les XVIIe-XVIIIe siècles, impressionnés par les mystérieux pouvoirs de l'Arche, certains savants font le lien avec un phénomène dont on vient seulement de découvrir l'existence : l'électricité. Dès 1915, l'inventeur Nikola Tesla affirme dans un article que Moïse ne fut rien d'autre qu'« un électricien en avance sur son temps » ! D'après lui, si l'Arche avait la capacité de terrasser quiconque s'en approche de trop près, c'est parce qu'elle serait capable de produire de puissantes décharges électriques, générées par friction dans un véritable condensateur. Il est vrai que la structure même de l'Arche pourrait évoquer celle d'un condensateur électrique, puisqu'elle se compose de deux couches d'or conductrices séparées par une couche d'isolant en bois. De là à penser que les contemporains de l'Arche aient pu disposer des connaissances suffisantes pour comprendre et maîtriser l'énergie électrique, il y a évidemment un pas... Et il faut un pas supplémentaire – vers l'absurde ? – pour penser que l'énergie électrique aurait pu être créée par le frottement des vents chauds du désert contre les rideaux de lin du sanctuaire, comme le pensait Tesla. La théorie d'une Arche électrique n'en a pas moins remporté un franc succès dans la fiction et la littérature pseudo-scientifique. Certains n'ont même pas hésité à considérer que l'Arche aurait été construite par des extraterrestres pour communiquer avec Moïse...

L'hypothèse d'une arche conductrice d'électricité est entrée dans la culture populaire. On le voit dans le film *Les Aventuriers de l'Arche perdue* de Steven Spielberg.

Une représentation de Yahvé ?

Les exégètes scientifiques ont depuis longtemps remarqué que ces interprétations concernant une Arche vide ou une présence immatérielle de Yahvé reposent finalement sur un postulat anachronique, celui de l'aniconisme de la religion juive. En effet, la religion israélite n'a pas toujours été hostile aux représentations, et particulièrement à celle de Dieu, bien au contraire : l'aniconisme constitue un changement, une révolution à partir de laquelle naît la nouvelle religion juive, mais il n'est attesté qu'à partir du VIIe siècle avant J.-C. Or le fait même que les représentations de Dieu soient alors interdites suggère qu'il existait bel et bien des images de Yahvé auparavant. D'ailleurs, les découvertes archéologiques ont permis de confirmer cette hypothèse : plusieurs sceaux des VIIIe et VIIe siècles portent des images probables de Yahvé, qui est aussi représenté et nommé sur certaines pièces, ainsi que sur des inscriptions

On a retrouvé plusieurs sceaux portant des images probables de Yahvé, ici accompagné de la déesse Ashera.

où il est représenté aux côtés de celle qui fut longtemps sa parèdre, la déesse Ashera – car la religion israélite ne fut pas toujours strictement monothéiste non plus. Enfin, le contenu même de la Bible semble confirmer qu'il a existé des représentations de Yahvé. Ainsi les Psaumes mentionnent-ils fréquemment la « face de Yahvé », à travers le terme *temunah*, qui ne désigne pas uniquement la présence, mais bien l'aspect, la figure, la représentation.

Alors, l'Arche aurait-elle pu abriter une représentation de Yahvé ? C'est une hypothèse très probable pour de nombreuses raisons. Par exemple, lorsque les Philistins s'emparent de l'Arche, on sait qu'ils la placent dans leur temple aux côté de la statue de leur dieu, une pratique qui est d'ailleurs attestée historiquement chez les Assyriens, qui érigent les statues des dieux de leurs adversaires dans leur propre temple pour illustrer leur soumission. Or la démarche des Philistins, même si elle ne résulte que d'un récit, n'aurait guère eu de sens si l'Arche n'abritait pas une représentation de Yahvé. De même, l'interdit et la punition divine qui frappe ceux qui osent regarder dans l'Arche est aussi un indice en faveur de la présence d'une représentation de Yahvé : car si les fautifs sont punis de mort, c'est que l'Arche contient quelque chose qu'ils ne sont pas censés regarder, du moins au moment de la rédaction du récit, alors que l'aniconisme est institué.

Le bibliste Hugo Gressmann fut le premier à envisager l'existence d'une statue de Yahvé à l'intérieur de l'Arche, à laquelle se seraient substituées par la suite les Tables de la Loi. Il a posé l'hypothèse d'une statue de Yahvé représentée sous une forme bovine, car plusieurs indices, à commencer par le Veau d'or, laissent penser qu'il s'agissait alors d'une forme assez répandue dans le milieu hébraïque. Une autre possibilité est défendue par le bibliste Thomas Römer, d'après lequel Yahvé aurait pu être représenté, selon une pratique répandue en Mésopotamie antique, sous la forme d'une pierre sacrée anthropomorphe. Une sorte de statuette pouvant prendre la forme d'une tablette anthropomorphe, et constituant peut-être la réplique d'une statue plus importante qui aurait pu se trouver à l'intérieur du sanctuaire aux côtés de l'Arche, laquelle aurait été destinée quant à elle à jouer le rôle d'un sanctuaire portatif pour la version réduite. L'hypothèse d'une pierre sacrée anthropomorphe est d'autant plus séduisante qu'il existerait alors une certaine proximité entre cette pierre et les Tables de la Loi qui seraient venues se substituer à elle dans un second temps, et qui ne sont rien d'autre que des tablettes de pierre. Enfin, on peut s'interroger sur l'existence, en plus d'une pierre sacrée représentant Yahvé, d'une seconde pierre représentant sa parèdre, Ashera. L'existence de deux pierres sacrées anthropomorphes à l'intérieur de l'Arche pourrait en effet expliquer qu'au moment de leur substitution par les Tables de la Loi, les Tables aient été au nombre de deux, ce que rien ne justifiait spécialement par ailleurs. Ce type de substitution est d'ailleurs attesté dans le contexte musulman, où, dans certains sanctuaires anciens, des pierres symbolisant des déesses furent remplacées par des rouleaux du Coran.

Si l'on retient cette hypothèse, il faut donc penser que l'Arche, selon la plus ancienne tradition appréhendable, constituait à l'origine un sanctuaire portatif contenant une représentation de Yahvé, et peut-être de sa parèdre Ashera, possiblement sous la forme de tablettes de pierre anthropomorphes, constituant la réplique de statues plus imposantes et destinées à être transportées dans le sanctuaire mobile que constitue l'Arche. Ce n'est que bien plus tard, alors que l'aniconisme était imposé comme une règle, qu'une nouvelle tradition a substitué les Tables de la Loi aux tablettes primitives, et que l'Arche perd son rôle de sanctuaire mobile, au profit d'une nouvelle fonction sacerdotale et expiatoire.

Aux origines de l'Arche historique : Silo et Kiriath-Jearim

D'après le récit biblique, l'Arche semble avoir résidé dans trois sanctuaires principaux : Silo, où l'arche se trouve au début de l'épopée de Samuel ; Kiriath-Jearim, où elle aurait passé vingt années après que les Philistins l'ont rendue à Israël ; et enfin Jérusalem, où elle aurait été apportée par le roi David dès la fin du XIe siècle avant notre ère. Cependant, cette version de l'histoire de l'Arche est celle des rédacteurs du Deutéronome, qui écrivent dans un contexte bien particulier : celui du royaume de Juda au VIIe siècle avant J.-C., dont la capitale est Jérusalem. Le but de ces scribes est donc de conférer la plus grande légitimité possible au sanctuaire de Jérusalem. C'est pourquoi ils n'hésitent pas à faire remonter le transfert de

L'importance du sanctuaire de Silo est confirmée par l'archéologie. Le site a bénéficié de plusieurs campagnes de fouilles.

l'Arche au roi David, ce qui est très peu vraisemblable historiquement, et contredit par les réalités archéologiques. Il est cependant notable que, malgré tout leur travail de légitimation en faveur du sanctuaire de Jérusalem, les rédacteurs du Deutéronome – au VIIe siècle avant notre ère – n'ont pas totalement occulté l'existence de Silo et de Kiriath-Jearim, ce qui suggère que ces deux sanctuaires tiennent un rôle essentiel dans l'histoire de l'Arche.

Concernant Silo, un premier élément confirme l'importance du sanctuaire : c'est l'absence d'explication concernant l'arrivée de l'Arche. On ignore en effet comment l'Arche est arrivée ici et depuis combien de temps elle s'y trouve, ce qui montre bien qu'il ne s'agit pas d'une démarche de légitimation comme dans le cas de Jérusalem, mais bien d'un simple constat de la part des rédacteurs postérieurs. En outre, cet état de fait était suffisamment ancré pour qu'on prenne la peine d'installer à Silo le récit de la naissance de la royauté juive, puisque le petit Samuel – qui devait plus tard désigner les deux premiers rois d'Israël, Saül et David – est offert au sanctuaire de Silo au début de sa vie.

Un second indice de l'importance de Silo se trouve dans le livre de Jérémie, un écrit plus tardif dans lequel est annoncée la destruction du temple de Jérusalem. Dans un passage où il déplore que le Temple soit devenu un repaire de brigands, Yahvé déclare : « Allez donc au lieu qui fut le mien, à Silo : autrefois j'y fis habiter mon Nom ; regardez ce que j'en ai fait, à cause de la perversité de mon peuple Israël. » Il fait ainsi probablement référence à la destruction de Silo par les Philistins, au moment de la capture de l'Arche, et annonce qu'il va traiter le temple de Jérusalem de la même façon. Surtout, il est remarquable que le sanctuaire de Silo soit désigné par Yahvé comme « le lieu qui fut le sien », c'est-à-dire un sanctuaire aussi important que l'est celui de Jérusalem au moment de la rédaction.

Enfin, l'importance du sanctuaire de Silo est confirmée par l'archéologie. En effet, ce site historique est bien identifié depuis le Moyen Âge : il se situe à environ trente kilomètres au nord de Jérusalem. De sorte que depuis les années 1930, il a bénéficié de plusieurs campagnes de fouilles archéologiques, qui montrent que le site a été occupé depuis le Bronze moyen, c'est-à-dire à partir du XVe siècle avant J.-C. environ. Surtout, on sait qu'à l'époque des événements relatés par la Bible hébraïque Silo est protégé par de puissantes fortifications maçonnées, atteignant trois à cinq mètres d'épaisseur. Le lieu précis du sanctuaire n'a pu être identifié, mais les archéologues ont montré que la ville a été victime d'une destruction violente au cours du XIe siècle avant J.-C., c'est-à-dire approximativement au moment où la Bible situe la défaite face aux Philistins et la perte de l'Arche, vers 1050 avant J.-C. Faut-il considérer que la destruction observée archéologiquement à Silo correspond réellement à l'épisode relaté par

L'église Notre-Dame de l'Arche de l'alliance, à Kiriath-Jearim. L'église aurait abrité l'Arche d'alliance pendant vingt ans, au Xe siècle avant J.-C.

la Bible ? Rien n'est moins sûr, car les chronologies bibliques et archéologiques concordent rarement, mais l'essentiel réside dans le constat que Silo fut, pendant plusieurs siècles peut-être, un sanctuaire essentiel pour l'Arche.

D'ailleurs, certains exégètes vont jusqu'à considérer que Silo fut le seul sanctuaire de l'Arche historique, et que la destruction supposée de Silo par les Philistins correspond tout simplement à la destruction ou la disparition de l'Arche primitive, la suite de l'histoire de l'Arche ne constituant dans ce cas qu'une invention postérieure, peut-être à la suite d'une reconstruction de l'objet.

Comme celui de Silo, le site historique de Kiriath-Jearim a été depuis longtemps identifié, grâce à plusieurs indices géographiques présents dans le livre de Samuel. Le site de l'ancien sanctuaire se trouve à une douzaine de kilomètres au nord-ouest de Jérusalem, au sommet d'une colline occupée par un monastère. Alors qu'il n'avait été que peu exploité par l'archéologie jusqu'ici, le site a fait l'objet d'importantes fouilles en 2017. Or ces recherches ont montré que le site a bénéficié d'une occupation importante au cours du premier millénaire avant notre ère, mais tout particulièrement entre le VIIIe et le VIe siècle. Surtout, les archéologues ont retrouvé un mur d'enceinte très massif, dont l'emprise est toutefois trop petite pour qu'il ait été celui d'une ville. Ce mur correspond donc très probablement à l'enceinte du sanctuaire dans lequel se trouvait l'Arche. Des datations par thermoluminescence ont montré que ce mur a été construit entre 900 et 700 avant J.-C., c'est-à-dire durant la période où l'occupation du site est la plus importante. Il faut y voir la preuve de la présence d'un sanctuaire important à Kiriath-Jearim au cours des IXe et VIIIe siècles avant notre ère. Cette occupation importante correspond-elle à la présence de l'Arche ? Tout autorise à l'envisager, en dépit du fort décalage existant avec le récit biblique, dont la chronologie est bien souvent mise en défaut.

Au moment où l'occupation de Kiriath-Jearim bat son plein, le sanctuaire se trouve dans une zone frontalière entre deux royaumes de religion israélite : l'un au nord, dit

Le mont Nébo, l'un des lieux supposés de la cachette de l'Arche.

« royaume de Samarie », du nom de sa capitale ; l'autre au sud, le royaume de Juda, avec pour capitale Jérusalem. Sous l'égide du roi Jéroboam II (782-754 avant J.-C.), le royaume du Nord a réussi à étendre son influence presque jusqu'à Jérusalem. Le développement du site de Kiriath-Jearim pourrait donc être lié à cette expansion du royaume de Samarie sous l'impulsion de Jéroboam II, pour qui le site constituait une place importante face au royaume du Sud. Pour certains chercheurs, d'ailleurs, c'est peut-être seulement sous Jéroboam II que l'Arche aurait pu être transférée du sanctuaire de Silo à celui de Kiriath-Jearim.

En tout cas, il est certain que l'Arche a séjourné à Kiriath beaucoup plus longtemps – deux siècles, peut-être – que ne le prétend la version canonique de l'histoire, qui limite sa présence à une vingtaine d'années avant que David ne l'emmène à Jérusalem. Mais alors, pourquoi la Bible affirme-t-elle que l'Arche serait restée si peu de temps ? C'est parce que sa rédaction a été entreprise dans un contexte historique bien différent, qui nécessitait une réécriture de l'histoire de l'Arche afin de mettre en avant un nouveau sanctuaire : Jérusalem.

Les réformes du roi Josias, une réécriture de l'histoire de l'Arche ?

En 722 avant notre ère, la destruction de Samarie par les Assyriens bouleverse la géopolitique locale. Profitant de l'affaiblissement, puis de la disparition du royaume de Samarie, absorbé par les Assyriens, le royaume de Juda se maintient tout au long du VIIe siècle. Face aux grandes puissances toutefois, l'équilibre reste précaire, de sorte que la royauté judéenne ressent le besoin de renforcer son identité et son pouvoir. Et pour cela il faut non seulement procéder à des réformes politiques et religieuses, mais aussi faire en sorte que Jérusalem, la capitale du royaume, l'emporte sur tous les autres sanctuaires.

Cette période charnière dans l'histoire de l'Arche et de la religion judaïque correspond au règne du roi Josias, autour des années 620 avant notre ère, alors que l'empire assyrien se trouve affaibli par la nouvelle menace babylonienne. C'est peut-être seulement à cette époque, ou peu auparavant, que l'Arche est transférée à Jérusalem, et non près de quatre siècles plus tôt comme le prétend la Bible. Mais désormais, les textes bibliques sont écrits dans une perspective sudiste, de sorte qu'il importe aux scribes de Jérusalem non seulement de faire oublier le royaume de Samarie et les anciens sanctuaires, mais surtout de légitimer le choix de Jérusalem comme nouveau sanctuaire pour l'Arche. Pour eux, il serait donc inconcevable d'affirmer que l'Arche a séjourné ailleurs qu'à Jérusalem durant des siècles. On invente donc l'idée selon laquelle le roi David en personne l'aurait apportée à Jérusalem plusieurs siècles plus tôt. Les scribes profitent de la réécriture pour dénigrer Jéroboam II, qui avait fait de Kiriath-Jearim un grand sanctuaire.

Si Josias tient tant à établir la légitimité de Jérusalem en tant que sanctuaire suprême, c'est aussi pour mieux faire accepter ses réformes. Car les années 620 sont celles d'un grand ménage politico-religieux ; désireux de consolider son propre pouvoir face aux Assyriens, Josias veut renforcer l'identité du peuple israélite, ce qu'il fait en opérant une profonde transformation de la religion israélite : les cultes des divinités parèdres ou associées à Yahvé sont interdits. Désormais, Yahvé n'est plus le dieu suprême, il est le seul Dieu. La religion israélite devient un pur monothéisme, doublé d'aniconisme, car les représentations divines sont interdites également. La rédaction du Deutéronome vient enté-

Le temple de Salomon a disparu. Il n'en reste aucune trace.

riner ces réformes, qui sont présentées dans le récit comme un rétablissement de la religion originelle, un retour à la conformité des origines, ce qu'elles ne sont évidemment pas historiquement : si elles concrétisent probablement des tendances déjà puissantes dans certains milieux, les réformes de Josias constituent bel et bien une nouveauté, et le fondement d'un nouveau monothéisme hébraïque. Avec le Deutéronome, Josias fait rédiger une sorte de nouvelle Loi, qui s'impose comme la base de la religion juive.

Enfin et surtout, ces réformes se doublent d'une centralisation politique et religieuse, qui fait du temple de

Le dôme du Rocher, à Jérusalem. La Bible raconte que c'est à l'endroit où se trouve la coupole que le grand roi Salomon a fait construire un temple spécialement pour accueillir l'Arche d'alliance.

Jérusalem le seul sanctuaire légitime du royaume, fondé sur la vénération unique de Yahvé, et dans lequel est placée l'Arche de l'alliance. Avec Josias et les réformes deutéronomistes, l'Arche arbore d'ailleurs une nouvelle fonction : on affirme qu'elle ne contient que les Tables de la Loi, venues sceller l'Alliance entre Yahvé et les hommes. Qu'ils aient été conservés ou non dans les faits, les contenus antérieurs de l'Arche – comprenant probablement une représentation de Yahvé, désormais interdite – sont rayés des mémoires. Une fois encore, le récit est donc adapté à la volonté et aux nécessités politico-religieuses du moment.

Qu'est devenue l'Arche d'alliance ?

L'Arche pourrait donc n'avoir été transférée à Jérusalem qu'au VIIe siècle avant notre ère, peut-être seulement sous le roi Josias, vers 630. Moins d'un demi-siècle plus tard, en 586, la ville était mise à sac et détruite par les troupes de l'empereur babylonien Nabuchodonosor II. Le temple de Jérusalem n'échappe pas au pillage et à la destruction. Dès lors, la Bible – ni d'ailleurs aucune autre source écrite – ne fait plus de mention de l'Arche. Qu'est-elle devenue ? Le plus probable est qu'elle ait été détruite ou emportée comme butin par les Babyloniens, mais les écritures bibliques ne fournissent aucune indication à ce sujet : ainsi l'Arche ne figure-t-elle pas parmi la liste des objets du Temple emportés par les envahisseurs.

Toutefois, une mention extraite du livre de Jérémie laisse penser que l'Arche a bien été détruite à ce moment, car le prophète affirme alors qu'il est inutile d'en reconstruire une autre, puisque c'est désormais le peuple juif lui-même qui doit constituer l'Alliance avec Yahvé : « Alors, quand vous serez devenus, à cette époque, nombreux et prospères dans le pays, déclare l'Éternel, on ne dira plus : Arche de l'alliance du Seigneur ! La pensée n'en reviendra plus à l'esprit, on n'en rappellera plus le souvenir ni on n'en remarquera l'absence : on n'en fera plus d'autre. » Ces paroles de Jérémie semblent confirmer que l'Arche a disparu, d'une manière ou d'une autre.

Pourtant, cette idée est contredite par une tradition apocryphe figurant dans le livre des Maccabées. On y rapporte en effet – mais comme une légende – que le même prophète Jérémie aurait sauvé l'Arche de la destruction, l'aurait emportée dans la montagne où Moïse était monté avant de mourir, c'est-à-dire probablement le mont Nébo, et qu'il l'aurait dissimulée dans une grotte dont il aurait pris soin d'obstruer l'entrée. Selon ce texte, l'Arche ne serait donc pas perdue, mais cachée, dans l'attente de la fin des temps. Difficile toutefois de ne pas constater que cet hypothétique sauvetage de l'Arche par Jérémie semble en contradiction avec le désintérêt du prophète à son égard dans l'extrait précédent… La religion musulmane entretient au sujet de l'Arche une tradition proche, à ceci près que la cachette n'est pas la même : il est dit dans les hadiths du Prophète que l'Arche serait cachée près du lac de Tibériade, et qu'elle sera retrouvée par le Mahdi à la fin des temps.

Bien qu'elle paraisse très peu vraisemblable, l'idée selon laquelle l'Arche aurait pu survivre au sac de Jérusalem a déchaîné les passions. Par sa disparition énigmatique, passée sous silence par la Bible, l'Arche est devenue encore plus intrigante et fascinante, objet de multiples spéculations et but d'une quête sans fin. Les investigations des chercheurs de trésors et autres pseudo-archéologues se portèrent d'abord sur le mont Nébo, lieu supposé de la cachette de l'Arche. En 1981, l'aventurier américain Tom Crotser prétendit avoir retrouvé l'Arche dans un tunnel sous le mont Pisga, près du mont Nébo. Mais les photographies de l'Arche prétendue font sourire et révèlent la supercherie : le coffre en question remonte au mieux à la fin du XIXe siècle !

Outre le mont Nébo, une autre piste a suscité bien des fantasmes : celle de l'Éthiopie. La légende selon laquelle l'Arche aurait pu être emportée dans ce pays d'Afrique orientale – où la religion chrétienne est implantée depuis les premiers siècles de notre ère – repose sur une tradition littéraire, celle du Kebra Nagast, une fresque épique écrite au début du XIVe siècle et relatant notamment la rencontre entre la reine de Saba et Salomon. Selon cette épopée médiévale, l'Arche aurait été offerte par Salomon à la

D'après l'Église éthiopienne, l'Arche serait aujourd'hui encore conservée à Aksoum, dans l'église Sainte-Marie de Sion.

reine Makeda de Saba à la suite d'une visite à Jérusalem. Elle aurait ensuite été dérobée et emmenée en Éthiopie par Ménélik, le fils que la reine aurait eu de Salomon. D'après l'Église éthiopienne, l'Arche serait aujourd'hui encore conservée dans une église chrétienne située à Aksoum : l'église Sainte-Marie de Sion, où personne n'est autorisé à pénétrer, à l'exception du gardien de l'Arche. Évidemment peu crédible puisqu'elle repose sur une œuvre de fiction, cette tradition pourrait être née également d'une confusion entre l'Arche et son contenant. En effet, chaque église éthiopienne est construite sur le modèle du temple de Jérusalem et abrite, en son Saint des saints, un coffre de bois ou de pierre, le tabot, qui renferme une réplique de l'Arche d'alliance. Or, d'après le témoignage de plusieurs anciens gardiens de l'église Sainte-Marie de Sion, la relique ne serait donc pas l'Arche d'alliance originelle, mais un tabot vénéré depuis plusieurs siècles, et contenant une grande tablette blanche qui pourrait être une pierre d'autel sacrée.

Peu convaincu par la légende du Kebra Nagast, l'Américain Graham Hancock a échafaudé une théorie pseudo-scientifique spéculant que l'Arche aurait pu arriver en Éthiopie par d'autres moyens. Il imagine en effet que l'Arche, menacée de destruction par le roi Manassé, aurait pu être exfiltrée de Jérusalem dès les environs de 650 avant notre ère par des Lévites qui l'auraient emportée sur l'île d'Éléphantine, en Égypte, où existait une colonie juive, puis sur l'île éthiopienne de Tana Qirqos. Au IVe siècle avant J.-C. enfin, des prêtres l'auraient finalement apportée à Aksoum, en Éthiopie. Comme les autres théories de Graham Hancock toutefois, celle-ci relève bien davantage de la spéculation historico-journalistique que de la littérature scientifique.

D'autres hypothèses encore plus extravagantes ont pu voir le jour, au point de susciter des sourires. À ce titre, l'une des théories fantasmées les plus répandues est celle selon laquelle l'Arche pourrait se trouver... cachée dans la cathédrale de Chartres, où elle aurait été rapportée par des Templiers qui l'auraient prise en Éthiopie ! L'idée repose uniquement sur l'existence d'une représentation sommaire de l'Arche et de la reine de Saba sur l'un des piliers de la cathédrale, accompagnée de la mention : « ici est perdue l'Arche de l'alliance » (« *archa federis hic*

La cathédrale de Chartres multiplie les références au temple de Salomon, l'écrin de l'Arche d'alliance. Sur les vitraux, on retrouve par exemple deux colonnes comme celles dressées à l'entrée du temple de Jérusalem.

amittitur », en latin). Cependant le *ici* en question ne fait bien sûr aucunement référence à la cathédrale de Chartres, mais bien au récit de l'histoire de l'Arche, dont on perd la trace après la légende de la reine de Saba.

Au-delà de tous ces fantasmes pseudo-historiques, existerait-il une chance pour que l'Arche d'alliance soit un jour retrouvée, au cours de fouilles archéologiques ? À vrai dire, tout laisse à penser que l'Arche a été détruite avec le temple de Jérusalem ou peu après, il y a plus de deux mille cinq cents ans. En outre, même dans l'hypothèse peu probable où elle aurait survécu à ces événements, il faut garder à l'esprit que l'Arche était constituée de bois, un matériau qui ne peut se conserver plusieurs millénaires que dans des conditions très spécifiques. Quoiqu'il en soit l'essentiel, dans cette quête de

Sous la nef de la cathédrale, une partie n'a pas encore été fouillée.

l'Arche d'alliance, n'est pas de retrouver l'objet matériel qui a probablement disparu depuis longtemps, mais bien d'être capable de mieux retracer son histoire, ainsi que celle des différents récits qui l'entourent. Cette exploration des sources bibliques reste aujourd'hui la seule façon d'appréhender un peu de la matérialité historique de l'Arche, et cela sans avoir à mettre la main sur l'objet lui-même… donc sans encourir un quelconque risque de punition divine !

La chapelle de l'Arche d'alliance : un sanctuaire inaccessible

L'objet que les chrétiens éthiopiens assimilent à l'Arche d'alliance est aujourd'hui conservé dans une chapelle séparée de l'église Sainte-Marie de Sion, à Aksoum. Il est placé sous la protection d'un gardien nommé à vie et désigné par son prédécesseur peu avant sa mort. Grand prêtre d'Aksoum, ce gardien est la seule personne autorisée à voir et vénérer l'Arche supposée, et il ne sort jamais de l'enceinte de la chapelle, à laquelle il reste attaché pour le reste de sa vie. Heureusement, la chapelle dispose d'un petit enclos particulier agrémenté d'un jardin, qui permet à son gardien de prendre l'air ! Aucune dérogation ne s'applique, même pour les plus hauts dignitaires : ni l'ancien empereur d'Éthiopie, ni le président de la République éthiopienne n'ont été autorisés à entrer dans la chapelle, pas plus que le primat de l'Église orthodoxe éthiopienne. Lors des rares entretiens que le gardien actuel, Abba Tesfa Mariam, a consenti à donner à travers les grilles du jardin, sa réponse à propos de l'Arche est toujours la même : « Je ne peux rien vous dire sur elle. Aucun roi ni aucun pape ne peut la voir, seulement moi. C'est ainsi depuis que Ménélik a rapporté l'Arche, il y a trois mille ans. »

LA QUÊTE DU *Saint-Graal*

Il est l'un des objets les plus célèbres de l'histoire, et pourtant… Le Graal a-t-il jamais existé ailleurs que dans notre imagination ? Le Graal est en effet issu d'une légende littéraire, celle du roi Arthur et des chevaliers de la Table ronde, écrite en plein Moyen Âge, mais il a rapidement été assimilé à un objet bien concret.

Le Graal est assimilé au Saint Calice, cette coupe dans laquelle but Jésus de Nazareth lors du dernier repas avec les apôtres, et dans laquelle Joseph d'Arimathie aurait recueilli un peu du sang du Christ. Une double nature déconcertante, d'autant plus que paradoxalement, la coupe du dernier repas pourrait bien s'avérer encore plus insaisissable que son *alter ego* littéraire… Pourtant, contrairement aux autres grands mythes littéraires ou historiques, le succès du Graal ne s'estompe pas avec le temps, bien au contraire : dans la culture populaire actuelle, le Graal tient une place centrale dans de multiples grands succès cinématographiques, littéraires ou télévisuels, depuis

Depuis des siècles, le Graal soulève des questions sans fin. La coupe du dernier repas a-t-elle survécu, et comment nous est-elle parvenue ?

Indiana Jones jusqu'à la saga *Kaamelott*, en passant par le best-seller *Da Vinci Code*. Alors, pourquoi une telle fascination ?

Peut-être avant tout parce que le Graal fut, dès l'origine et à plusieurs titres, une véritable énigme. De la coupe du dernier repas, on ignore presque tout, jusqu'à son aspect. Le mystère ne fait que s'épaissir lorsque le Graal apparaît pour la première fois dans la littérature : le lecteur, comme le héros du roman, ignore tout de lui, de sa nature et de ses pouvoirs. Pire encore, l'écrivain qui l'a fait naître meurt avant d'avoir achevé son œuvre, laissant ainsi le lecteur en proie à toutes les interrogations. Au fil du temps enfin, le Graal s'enrichit de multiples significations et devient l'objet d'une quête sans fin, dont seul un être élu pourra sortir vainqueur. Entre relique authentique et mythe né de l'imaginaire médiéval, entre fiction et réalité, le Graal est éternellement insaisissable, mais c'est cette inaccessibilité même qui le rend si désirable.

Depuis des siècles, le Graal suscite des questions sans fin. La coupe du dernier repas a-t-elle survécu, et est-elle parvenue jusqu'à nous ? Pourquoi le Graal est-il né dans l'imagination des écrivains, et comment a-t-il été petit à petit assimilé au Saint Calice ? Quel rôle joue-t-il dans le processus de christianisation de la légende arthurienne ? Enfin, pourquoi le mythe du Graal est-il encore si vivace aujourd'hui ? Pour le comprendre, il faut non seulement partir à la recherche du Saint Calice, à travers la Bible et les reliques conservées dans toute l'Europe, mais surtout explorer la littérature médiévale, qui se trouve à l'origine de l'une des épopées les plus célèbres au monde, celle du roi Arthur et de la quête du Graal, un objet qui n'en finit pas d'enflammer les esprits.

Le calice du dernier repas : coupe précieuse ou simple gobelet ?

Dans la culture populaire, et dans la lignée d'une tradition née au Moyen Âge, le Graal est identifié avec la coupe du dernier repas du Christ, le Saint Calice. Le contexte est celui des dernières heures de la vie de Jésus de Nazareth, immédiatement avant son jugement et sa crucifixion. Jésus et les apôtres se trouvent alors dans une maison sur le mont Sion, un peu à l'écart de Jérusalem, dans une atmosphère de tensions, sans doute parce qu'on craint déjà une

Dans la culture populaire, et dans la lignée d'une tradition née au Moyen Âge, le Graal est identifié avec la coupe du dernier repas du Christ, le Saint Calice.

De la coupe du dernier repas, on ignore presque tout, jusqu'à son aspect. Serait-elle un simple gobelet de terre cuite, comme on en a retrouvé des vestiges sur le mont Sion ?

arrestation. Trop populaire pour les Romains, trop scandaleux pour les grands prêtres du Temple, le jeune prédicateur se trouve alors sur la sellette. Au cours de ce dernier repas, si l'on en croit les trois Évangiles synoptiques ainsi que la première épître aux Corinthiens, Jésus aurait distribué du pain et du vin aux apôtres, tout en leur déclarant : « ceci est mon corps, ceci est mon sang », ce que les Églises chrétiennes interprètent comme le fondement du sacrement de l'Eucharistie.

Ce partage du pain et du vin avec les apôtres, doublé de cette étonnante institution de l'Eucharistie, s'inscrit dans le cadre de la tradition juive, qui attache une grande importance aux actions de grâce et aux bénédictions prononcées lors des repas pour remercier Dieu. Plus particulièrement, alors qu'on sait que le dernier repas se déroula au moment de Pessa'h, la Pâque juive, Jésus semble reprendre en partie les rituels de bénédiction habituels lors du repas pris pendant cette fête, destinés à rendre grâce à Dieu de la libération des Hébreux en Égypte. Mais il rompt radicalement avec la tradition en assimilant le vin à son propre sang, et le pain à sa propre chair, alors même que boire du sang est interdit dans la religion juive.

Les trois évangélistes décrivant la scène précisent que le vin présenté par Jésus comme son propre sang est bu dans une coupe, qui passe de main en main au milieu des apôtres. Ainsi dans l'Évangile de Matthieu : « Il prit ensuite une coupe ; et, après avoir rendu grâces, il la leur donna, en disant : "Buvez-en tous ; car ceci est mon sang, le sang de l'alliance, qui est répandu pour plusieurs, pour la rémission des péchés." » Les rédacteurs des Évangiles de Marc et de Luc, de même que la première épître aux Corinthiens reprennent quasiment la même narration. Quant à l'Évangile de Jean, il omet de raconter la scène du repas mais présente l'Eucharistie de la même façon.

Voici donc quasiment tout ce qui est dit dans la Bible au sujet de la coupe du dernier repas. Cette coupe au rôle fondateur pour la religion chrétienne, paradoxalement, les rédacteurs des Évangiles ne lui accordent pas un mot de description. On ne connaît ni son aspect, ni même le matériau dont elle est faite. Alors, comment faut-il l'imaginer ? Pour essayer de le savoir, il faut se plonger dans le contexte du dernier repas. D'après l'Évangile de Marc, ce repas se déroule dans la maison d'un particulier, sans doute sympathisant des disciples du Christ, et probablement située sur le mont Sion, si l'on en croit une tradition remontant au IVe siècle. Or des découvertes archéologiques ont montré qu'au Ier siècle de notre ère, le mont Sion était occupé majoritairement par des maisons assez grandes et plutôt bien décorées. Des demeures bourgeoises, pour utiliser un anachronisme. En clair, le mont Sion semble avoir été alors un quartier assez cossu, de sorte qu'on peut penser que l'homme qui invite Jésus et ses disciples est plutôt aisé, voire riche. Possèderait-il une coupe précieuse, qu'il aurait pu mettre à la disposition de ses hôtes pour le repas pascal ? C'est une possibilité.

Cependant, de nombreux chercheurs estiment qu'il aurait tout aussi bien pu s'agir d'une coupe beaucoup plus modeste, comme l'était le train de vie de Jésus de Nazareth, simple prêcheur. Il ne faut d'ailleurs pas imaginer que le dernier repas se soit déroulé comme on le représente dans l'iconographie traditionnelle de la Cène : au Ier siècle, les repas communautaires se déroulent encore très simplement, le principe même de s'asseoir autour d'une table n'étant pas connu – on s'assied par terre ou sur des coussins, autour de plats posés à même le sol et dans lesquels chacun se sert à la main, sans assiette ni couverts. De même, pour boire le vin, on se contente d'une seule coupe qui passe de main en main, exactement comme la coupe donnée par Jésus à ses disciples. Or l'archéologie a livré bien des exemples de vaisselle modeste de cette époque : les coupes à boire le vin y sont réalisées en terre cuite. Si l'on admet que le dernier repas s'est déroulé selon les conditions de vie quotidienne de Jésus de Nazareth, alors il faudrait penser que la coupe n'est qu'un simple gobelet de terre cuite. On sait toutefois que la Cène ne fut pas un repas anodin, mais le repas de Pessa'h, la Pâque juive. Or, dans le cadre des rituels juifs, des récipients plus nobles pouvaient être utilisés. La Mishna, c'est-à-dire le code de conduite déterminé par les rabbins, précise en effet que des récipients taillés dans la pierre sont recommandés, car ils sont insensibles à l'impureté, au contraire des terres cuites poreuses, dont l'impureté – si elle est introduite – ne pourra

Des dizaines d'églises dans le monde prétendent détenir le Saint Calice.

jamais s'extraire. Dans ce cas, il est possible que Jésus et ses disciples aient utilisé une coupe en pierre, plus noble qu'un simple gobelet de terre cuite. Mais Jésus respectait-il vraiment à la lettre les prescriptions juives ? Son comportement général ne le montre pas forcément.

Alors, ce que les chrétiens considèrent comme le Saint Calice prenait-il la forme d'un simple gobelet, d'un récipient en pierre, ou encore d'une coupe en métal précieux ? Nul ne le sait. Mais une question est plus importante encore : qu'est-il arrivé à la coupe à la fin du repas ? A-t-elle été tout simplement récupérée par son propriétaire et oubliée ? L'homme en question l'aurait-il conservée précieusement en mémoire du Dernier Repas ? L'un des disciples du Christ l'a-t-il emportée avec lui ? Force est de constater une absence totale de données historiques fiables à ce sujet.

Sur la piste du calice de Valence…

La coupe du Dernier Repas aurait-elle été emportée par l'apôtre Pierre en personne, qui l'aurait ainsi fait transiter jusqu'à Rome ? L'objet aurait-il été ensuite envoyé en Espagne pour échapper aux déprédations des persécuteurs ? C'est ce qu'assurent certains défenseurs d'une tradition bien ancrée, qui voudrait que la coupe du Dernier Repas se trouve aujourd'hui dans la cathédrale de Valence, dont elle constitue la plus précieuse relique.

Cependant, l'historicité même de la présence de Pierre à Rome n'est pas pleinement établie, car seule la première épître de Pierre – un texte aujourd'hui considéré comme pseudépigraphique et apocryphe – ainsi que des textes postérieurs comme l'épître aux Corinthiens en font état. Malgré tout, la présence de Pierre à Rome reste envisageable pour la majorité des exégètes, ne serait-ce que parce qu'aucune autre ville n'a jamais revendiqué son tombeau. En revanche, aucune source écrite ancienne, apocryphe ou non, n'affirme que Pierre aurait emporté la coupe du Dernier Repas. Le principal argument avancé par les défenseurs de cette hypothèse réside dans les plus anciens textes du canon romain, c'est-à-dire de la prière eucharistique. En effet, pour désigner la coupe du Dernier Repas, le canon utilise l'expression « cette coupe ». Pour les défenseurs de la théorie d'une coupe emportée par saint Pierre, ce serait là la preuve que, lorsqu'ils célébraient la messe, les premiers papes romains avaient conscience d'utiliser, non pas un simple calice, mais bien la véritable coupe du Dernier Repas, celle dans laquelle Jésus et ses disciples avaient bu. La théorie trouve cependant rapidement ses limites, car les plus anciens manuscrits du canon romain ne remontent qu'au VIIIe siècle, et compilent des

Une tradition bien ancrée voudrait que la coupe du Dernier Repas se trouve aujourd'hui dans la cathédrale de Valence.

formules dont les plus anciennes ne sont attestées qu'à partir du IVe siècle. Autant dire que le contenu des prières eucharistiques prononcées par les premiers papes nous reste inconnu. En outre, le pronom démonstratif appliqué à la coupe pourrait tout simplement signifier que l'on souhaite assimiler le calice utilisé pour la messe à la coupe du Dernier Repas, tout en ayant bien conscience qu'il ne s'agit pas du même objet matériel.

Quoi qu'il en soit, la tradition voudrait que le calice en question, celui utilisé par les premiers papes pour célébrer la messe, ait quitté Rome en l'an 258, au moment d'une persécution contre les chrétiens. Quelques jours avant son martyre, en effet, le pape Sixte II aurait remis toutes les richesses de son Église à son diacre Laurent, originaire de Huesca en Espagne, à charge pour lui de les distribuer aux pauvres. Laurent s'exécute alors, hormis pour le calice, qu'il expédie à ses parents dans sa ville natale, accompagné d'une lettre expliquant la nature de l'objet. Mais une fois encore, cette légende d'une coupe envoyée en Espagne dès le IIIe siècle n'est étayée par aucune source directe. Elle n'a donc guère d'historicité et semble n'être que le résultat d'une tradition ultérieure.

Au contraire, le parcours du calice de Valence au cours du Moyen Âge est bien attesté par les sources. Peut-être hébergée par plusieurs monastères dans les Pyrénées au moment de l'apogée de la conquête musulmane, la coupe a été confiée au monastère Saint-Jean de la Peña en 1071. Elle s'y trouve encore en 1134, lorsqu'un chanoine en fait la description : « Dans une arche d'ivoire se trouve le

Un autre des quelques calices d'Ardagh, en Irlande.

Calice dans lequel Notre-Seigneur le Christ a consacré son sang, lequel fut envoyé par saint Laurent à sa mère patrie, Huesca. » En 1399, enfin, à la demande du roi d'Aragon Martin Ier l'Humain, le précieux calice est apporté à la chapelle du palais royal de Saragosse, où il est décrit comme « Calice en pierre dans lequel Notre-Seigneur Jésus-Christ a consacré son sang précieux ». Déplacée au palais royal de Barcelone, puis à celui de Valence, la coupe identifiée comme le Saint Calice est finalement remise à la cathédrale de Valence en 1437, et s'y trouve encore aujourd'hui.

Abrité dans un reliquaire, le calice prend aujourd'hui la forme d'une superbe coupe orfévrée, dont la structure est faite d'or rehaussé de perles, émeraudes et rubis. Cependant, ce magnifique support est une création médiévale destinée

La clef du mystère, une peinture murale ?

Les défenseurs du calice de Valence peuvent s'appuyer sur un dernier argument, à savoir l'une des plus anciennes représentations connues du Saint Calice, sur une peinture murale retrouvée dans les catacombes de Rome et remontant au IIIe ou au IVe siècle. La coupe du Dernier Repas y présente un aspect assez similaire à celui de la coupe de Valence, sous les traits d'un récipient en pierre sombre, très simple, aux tonalités ocre et orangées. La similitude apparente entre le calice de Valence et cette représentation pourrait toutefois s'expliquer par l'extrême simplicité des coupes de ce type, et par le caractère sommaire de la peinture qui en est faite. En outre, il faut garder à l'esprit que les auteurs de la peinture murale, deux à trois siècles après la mort de Jésus, n'avaient probablement, eux non plus, aucune idée de l'aspect de la véritable coupe !

à magnifier la relique : seule la partie supérieure de l'objet, c'est-à-dire la coupe elle-même, est authentique. Taillée dans une pierre d'agate aux reflets ocre, cette petite coupe très simple de neuf centimètres de diamètre est censée correspondre au calice du Dernier Repas. Son origine antique a été reconnue par les experts : il s'agit bien d'une coupe façonnée et polie à la main, réalisée sans doute au IIe ou au Ier siècle avant notre ère, comme on pouvait encore en trouver au Proche-Orient à l'époque de Jésus de Nazareth.

Cependant, si le parcours du calice de Valence est bien documenté au Moyen Âge, et si l'objet lui-même est bien d'origine antique, il n'existe en revanche aucune certitude historique assurant que la coupe correspond à celle que l'on prétend avoir été envoyée de Rome au IIIe siècle, en vertu de la légende du diacre Laurent. Et quand bien même il s'agirait effectivement de la coupe des premiers papes, il reste extrêmement douteux qu'il s'agisse de celle du Dernier Repas.

Supposés saints calices et commerce des reliques

Si elle est sans doute la plus renommée, la coupe de Valence n'est pas la seule à revendiquer le titre de Saint Calice. Dans toute l'Europe, pas moins de deux cents coupes ont été présentées – avec une crédibilité inégale – comme la coupe du Dernier Repas ! L'une des plus célèbres prétendantes à ce titre se trouve aujourd'hui dans la basilique San Isidoro de León, en Espagne. Une fois encore, seule la partie supérieure de l'objet correspond à une coupe antique, taillée dans un bloc d'onyx et datée par les spécialistes du Ier siècle de notre ère. Si l'on en croit la tradition, cette coupe aurait été conservée dans l'église du Saint-Sépulcre de Jérusalem, où elle est décrite dès le VIIe siècle.

La basilique San Isidoro de León, en Espagne, détient l'une des coupes présentées comme le Saint Calice.

Elle aurait été envoyée au roi Ferdinand Ier de León au début du XIe siècle, lequel l'aurait transmise à sa fille, Doña Urraca. Certains chercheurs concluent à l'authenticité de la coupe actuelle, mais le problème reste entier, car même si le calice de León est bien celui du Saint-Sépulcre de Jérusalem, il n'existe malgré tout aucune assurance qu'il s'agisse de la véritable coupe du Dernier Repas, puisque l'église du Saint-Sépulcre n'a été fondée qu'au début du IVe siècle après J.-C., soit près de trois siècles après les événements ! On l'aura compris, toute recherche de ce type reste assez vaine, dans la mesure où, si ancienne que soient la coupe et ses attestations historiques, il restera toujours impossible d'établir un lien avec la coupe du Dernier Repas. Qu'ils soient ou non constitués d'éléments antiques, tous ces supposés saints calices témoignent avant tout du commerce des reliques, qui bat son plein au Moyen Âge. Les reliques les plus prestigieuses sont alors, pour les églises qui les conservent, une source de grand prestige spirituel, capable d'attirer de nombreux pèlerins et d'encourager les donations. Le fait de disposer d'une relique prestigieuse est donc la promesse de revenus importants, de sorte que le commerce des reliques peut s'avérer très lucratif, les prélats et les princes étant prêts à débourser de très importantes sommes d'argent pour en acquérir. C'est pourquoi de nombreux objets antiques ont pu être « convertis » en reliques au cours du Moyen Âge, quand bien même cette conversion n'était guère crédible historiquement. Ainsi le calice d'Antioche, présenté au Moyen Âge comme celui du Dernier Repas et conservé aujourd'hui au Metropolitan Museum of Art de New York, n'était-il en réalité... qu'une lampe à huile en argent réalisée au VIe siècle de notre ère !

L'industrie des reliques culmine en Europe aux XIIe et XIIIe siècles, c'est-à-dire à l'époque des Croisades, lors desquelles d'innombrables reliques supposées sont rapportées de Constantinople ou du Proche-Orient, dont de nombreux prétendus saints calices. Or c'est précisément à cette époque que se développe une légende littéraire dans laquelle n'allait pas tarder à naître une coupe mystérieuse assimilée – elle aussi – au calice du Dernier Repas...

La naissance d'une légende !

Au XIIe siècle, alors même que l'Europe est en quête du véritable Saint Calice et que d'innombrables églises se disputent l'honneur de l'abriter, on assiste dans le milieu littéraire à la naissance d'un nouvel univers. Lointainement issu du monde celte, il devait être christianisé à l'extrême,

La coupe aurait séjourné dans l'immense église Sainte-Sophie de Constantinople avant de partir pour Troyes, et de disparaître au cours de la Révolution.

jusqu'à donner naissance à l'objet le plus sacré de la littérature médiévale, le Graal.

Cet univers, promis à rencontrer un immense succès auprès des lecteurs, c'est celui du monde arthurien, que l'on nomme «matière arthurienne» ou «matière bretonne». On considère souvent qu'il naît sous la plume de Geoffroy de Monmouth, un évêque et écrivain gallois, auteur dans les années 1130 d'une *Histoire des rois de Bretagne* au contenu à la fois historique et légendaire. Pour les périodes les plus anciennes, le récit de Monmouth s'inspire en grande partie des traditions celtiques encore vives à cette époque au Pays de Galles et en Écosse, et dont certaines avaient été compilées par écrit. Très lointainement hérités d'une réalité historique située à la charnière des Ve et VIe siècles de notre ère, ces récits mythologiques étaient peuplés de créatures fantastiques, de magiciens et de coutumes étranges. Parmi les protagonistes se dégage une figure centrale, celle du roi Arthur, entouré de quelques personnages dont les noms bretons n'allaient pas tarder à être adaptés à la langue romane : ainsi *Gween-Hwywar* deviendra-t-elle Guenièvre,

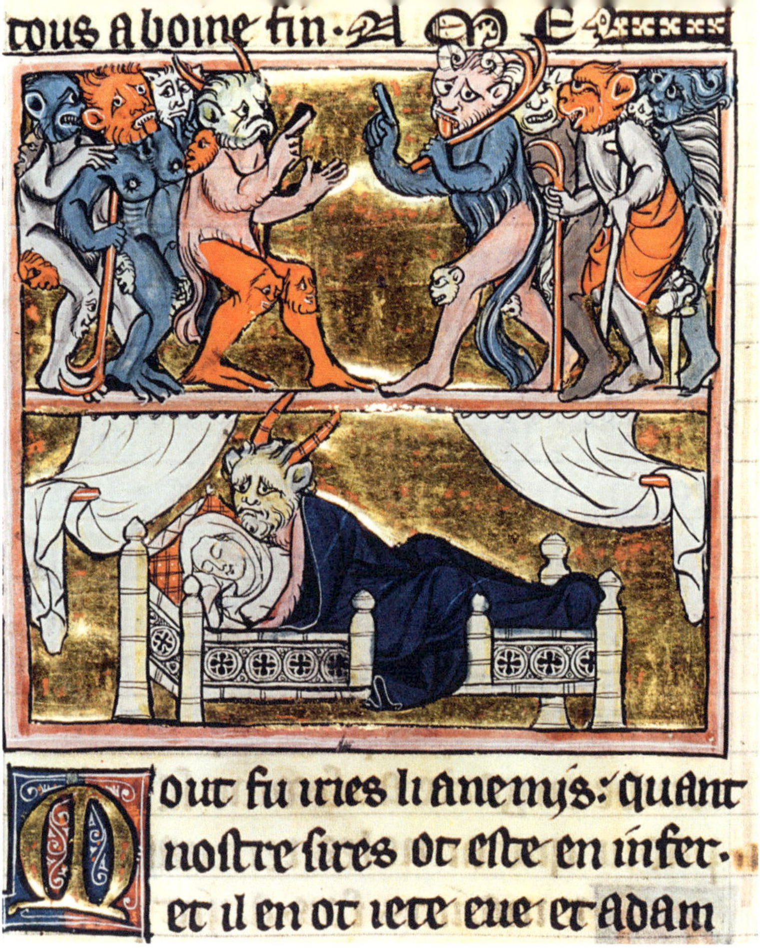

Au XIIe siècle, on assiste dans le milieu littéraire à la naissance d'un nouvel univers peuplé de créatures fantastiques. Le Graal était né.

Gwalcmei le chevalier Gauvain, et *Myrddin* le magicien Merlin. Mentionnée dès le milieu du XIIe siècle, la Table ronde serait quant à elle l'héritage du cercle formé par les guerriers autour de leur chef dans les mythes celtes.

Ces légendes celtes, Geoffroy de Monmouth les retranscrit sous une nouvelle forme et les enrichit de nouvelles inventions. Son œuvre remporte immédiatement un grand succès, puisqu'on en dénombre pas moins de deux cent quinze manuscrits. Dès les années 1150, le clerc normand Wace en tire une adaptation en français, le *Roman de Brut*. Pour la première fois, les légendes arthuriennes prennent la forme d'un véritable roman, et non d'un ouvrage à prétention historique. C'est la naissance littéraire de la matière de Bretagne, un point d'ancrage à partir duquel va se développer une immense littérature, dans laquelle le mythe arthurien s'enrichit de nouveaux personnages et de thématiques liées à l'amour courtois, à l'idéal chevaleresque, et à la quête initiatique. Enfin, bien des éléments issus des légendes initiales vont être rationalisés, et surtout christianisés.

D'ailleurs, dans les contes gallois à l'origine d'une partie de la légende arthurienne, il est question d'un mystérieux chaudron magique, capable d'étranges prodiges, ainsi que l'explique cet extrait du conte *Branwen uerch Lyr* (« Branwen fille de Llyr ») : « Je vais te donner un chaudron. La vertu du chaudron est que, un homme à toi tué aujourd'hui, jette-le dans le chaudron, et demain il se portera aussi bien qu'il s'est porté, sauf qu'il n'aura pas le pouvoir de parler. » Un chaudron capable de ressusciter les morts ? Voilà qui allait inspirer l'un des plus grands écrivains français du Moyen Âge...

L'énigme de l'apparition du Graal

Dès son apparition à la fin du XIIe siècle, le Graal est une énigme. On ne l'assimile d'ailleurs pas immédiatement au Saint Calice, la coupe du Dernier Repas. Car le Graal est avant tout un mystère, un mystère d'autant plus profond que l'écrivain qui l'invente meurt avant d'avoir achevé son œuvre, et sans avoir expliqué la nature et le sens profond du Graal...

Le Graal apparaît sous la plume du grand écrivain Chrétien de Troyes, fondateur du roman de chevalerie, qui écrit dans la seconde moitié du XIIe siècle pour le milieu princier du Nord de la France, et principalement le comte et la comtesse de Champagne, qui tiennent leur cour à Troyes. Au moment où il s'apprête à inventer le Graal, l'écrivain est déjà familier de l'épopée arthurienne, qui remporte depuis quelques décennies un grand succès en Europe.

À son actif, Chrétien a déjà plusieurs grands romans écrits en vers, inspirés du monde arthurien, parmi lesquels un *Tristan et Iseut* dont le manuscrit est aujourd'hui perdu, mais aussi *Yvain ou le Chevalier au lion*, *Érec et Énide*, ou encore *Lancelot ou le Chevalier à la charrette*, mettant en scène un personnage né de son imagination et promis à un immense avenir dans la légende arthurienne. Chrétien de Troyes est donc un écrivain bien installé et renommé lorsqu'il débute l'écriture de *Perceval ou le Conte du Graal*, sans doute dans les années 1180 et sous le patronage du comte de Flandre, Philippe d'Alsace.

L'intrigue de ce nouveau roman, écrit en octosyllabes, est un récit d'initiation : celle du jeune Perceval, dont on n'apprend le nom qu'assez tard dans le roman. Au début de l'histoire, Perceval ignore tout de la chevalerie : il vit seul avec sa mère, qui s'est volontairement retirée au plus profond de la forêt. Poussés par l'ambition, ses autres fils avaient voulu devenir chevaliers et avaient été tués, et c'est pourquoi elle souhaite garder son dernier enfant à l'écart de la chevalerie. Mais un jour Perceval voit passer trois chevaliers dans la forêt, et il n'a plus dès lors qu'un seul but : devenir chevalier à son tour. Quittant sa mère pour se rendre à la cour du roi Arthur, il apparaît d'abord un peu fruste, voire benêt, mais devient peu à peu un chevalier accompli. Un jour, ses aventures le portent au château du Roi Pêcheur. Ce dernier, affligé d'une blessure incurable, le reçoit allongé sur son lit. Il souhaite la bienvenue à Perceval, mais alors que la conversation se poursuit, le jeune chevalier assiste à une mystérieuse procession…

« Tandis qu'ils parlaient de choses et d'autres, un jeune homme sort d'une chambre, porteur d'une lance à l'éclatante blancheur qu'il tenait par le milieu de la hampe ; il passe entre le feu et ceux qui se tenaient assis sur le lit. Tous ceux qui étaient là pouvaient voir la blancheur éclatante de la

« Tenant un graal de ses deux mains, une demoiselle s'avançait... »

lance et de son fer. Une goutte de sang perlait à la pointe de la lance, et jusqu'à la main du jeune homme coulait cette goutte vermeille. »

Viennent ensuite deux autres jeunes gens, porteurs chacun d'un magnifique chandelier d'or pur brûlant de dix chandelles. Surtout, ils sont suivis d'une jeune femme dotée d'un objet encore plus mystérieux :

« Tenant un graal de ses deux mains, une demoiselle s'avançait avec les jeunes gens, belle, gracieuse et élégamment parée. Quand elle fut entrée avec le graal qu'elle tenait, il s'en dégagea une si grande clarté que les chandelles en perdirent leur éclat, comme les étoiles et la lune au lever du soleil. [...] Le graal, qui se présentait en tête du cortège, était de l'or le plus pur et serti de toutes sortes de pierres précieuses, les plus riches et les plus rares qui soient sur terre ou dans les mers. Elles avaient, sans nul doute, plus de valeur qu'aucune autre, ces pierres qui ornaient le graal. »

Le Graal vient de faire sa première apparition dans l'histoire, né de l'imagination d'un écrivain. Le terme en lui-même n'est pas mystérieux : en langue romane, un *graal* (ou *gradal*) désignait tout simplement un plat servant à table, plus ou moins creux selon les cas. Mais d'emblée, ce plat ou cette coupe semble doté de pouvoirs surnaturels, sensible à travers l'absolue clarté qui s'en dégage. En outre, il flotte un certain sentiment religieux autour de lui, les objets étant portés comme dans le cadre d'une procession. Quant à l'étonnante lance sanglante du début du cortège, elle n'est pas sans rappeler la Sainte Lance, celle qui perça le flanc du Christ… Mais ce qui irradie avant tout la scène, c'est le mystère. Dès son apparition, le Graal est profondément énigmatique : comme le lecteur, Perceval ignore tout de la nature de cet objet, et ne comprend pas le sens de cette curieuse procession, qui l'intrigue au plus haut point. Pourtant, il n'ose interroger personne à ce sujet autour de lui, car on lui a appris à la cour qu'un chevalier ne devait pas avoir l'impolitesse de poser des questions indiscrètes.

L'étrange cortège va d'une pièce à l'autre, et la scène se répète plus tard durant le repas, sans que les convives – hormis Perceval – paraissent y prêter attention. Déstabilisé, fasciné, Perceval n'ose cependant interroger quiconque, pour rester fidèle à son idéal chevaleresque. Passant la nuit au château, l'esprit fourmillant de questions, il finit par s'endormir. Mais lorsqu'il se réveille le lendemain, il trouve le château vide et n'a d'autre choix que de reprendre la route. Le mystère s'épaissit.

Revenu à la cour d'Arthur, Perceval est pris à parti par une femme horrible, une « demoiselle hideuse », telle qu'il en existe dans les légendes celtiques. Celle-ci reproche à Perceval de ne pas avoir interrogé son hôte à propos du Graal, alors que la question aurait eu le pouvoir de guérir

Dès son apparition, le Graal est profondément énigmatique. Le roman de Chrétien de Troyes s'achève sur le constat de ses pouvoirs, mais il ne dit rien de la nature profonde de l'objet.

le Roi Pêcheur et de lever la malédiction qui pesait sur ses terres, rendues infertiles. Perceval décide alors de se racheter en partant en quête de ce Graal mystérieux. Le récit concernant Perceval s'interrompt là pour laisser place aux aventures d'un second chevalier, Gauvain.

On ne retrouve Perceval que bien plus tard dans le roman : après cinq années d'errance et d'aventures, le chevalier croise dans la forêt une procession de pèlerins, qui lui demandent pourquoi il se trouve en armes le jour du Vendredi saint. Perceval réalise alors, horrifié, qu'il n'a plus prié Dieu depuis cinq ans. Pour faire pénitence, il va trouver un ermite, qui n'est autre que son oncle. Celui-ci lui apprend que sa mère est morte de chagrin par sa faute, lorsqu'il l'a quittée pour rejoindre la cour, et que c'est à cause de ce premier péché qu'il a échoué à l'épreuve du Graal. Perceval apprend également que sa mère était la fille du Roi Pêcheur, et que celui-ci n'était maintenu en vie que par des hosties issues du Graal. Après quoi le récit repasse très brièvement à Gauvain, puis s'interrompt brusquement, très probablement du fait de la mort de Chrétien de Troyes, intervenue sans doute vers 1190. Le roman s'achève donc sur le constat des pouvoirs du Graal, mais il ne dit rien de la nature profonde de l'objet. L'auteur avait-il prévu de faire retourner son héros au château du Roi Pêcheur, pour élucider enfin le mystère du Graal ? C'est possible, mais sa mort a fait du Graal un mystère en suspens, comme inaccessible.

Chrétien de Troyes n'a donc pas établi de lien explicite entre le Graal et la coupe du Dernier Repas, mais le fait que l'objet serve au transport d'une hostie miraculeuse et éblouissante de clarté établit déjà un lien implicite avec l'Eucharistie. L'écrivain avait-il prévu d'assimiler le Graal au Saint Calice ? Nul ne le sait, mais ce que Chrétien n'avait pas eu l'idée ou le temps de coucher sur le papier, ses continuateurs vont s'en charger.

L'indifférence de l'Église ?

Hasard ou non, l'apparition littéraire du Graal et son assimilation au Saint Calice coïncide avec un débat liturgique et théologique qui agite l'Église catholique tout au long du XIIe siècle, celui concernant la vraie nature de l'hostie et du vin eucharistique. Le débat touche à son terme avec le concile de Latran en 1215, qui institue la transsubstantiation, un principe selon lequel l'hostie de la messe serait réellement, et non seulement symboliquement, le corps du Christ, ce que les autres confessions ne reconnaissent pas. Pourtant, malgré la vitalité de ce débat sur un sujet qui touche de près au Saint Calice, l'Église semble tout à fait indifférente à la légende du Graal qui se développe dans la littérature à la même époque. Ces écrits ne font l'objet ni de condamnation, ni de critique, ni d'ailleurs d'aucun commentaire de sa part. La papauté semble peu intéressée également par la question de l'identification du Saint Calice, puisqu'elle n'a jamais reconnu officiellement les reliques présentées comme telles, l'authentification de celles-ci étant laissée au bon vouloir de l'évêque.

Le Graal, véritable relique chrétienne ?

L'inachèvement du récit de Chrétien de Troyes ne faisait que rendre le mystère du Graal plus captivant encore pour ses contemporains. Si bien qu'en quelques années, et à une époque où l'écrit est encore réservé à une élite, pas moins de cinq écrivains se lancent dans une continuation du récit du *Perceval* de Chrétien de Troyes ! Mieux encore, chaque auteur imagine une fin différente au récit, même si Perceval sort vainqueur de sa quête dans tous les cas.

L'un des continuateurs de Chrétien, Wauchier de Denain, imagine que le Graal est une sorte de corne d'abondance, qui donne à chacun les nourritures qu'il désire, tandis que la fameuse lance sanglante est cette fois explicitement associée à la Sainte Lance.

Mais de toutes les réinterprétations du Graal de Chrétien de Troyes, c'est celle de l'écrivain Robert de Boron qui devait connaître le plus grand retentissement. Dans son roman *Joseph d'Arimathie, ou Estoire dou Graal* écrit dans les années 1190, Robert de Boron n'hésite pas à faire du Graal une véritable relique chrétienne, et à l'assimiler clairement au Saint Calice, opérant en cela une très forte christianisation de la matière arthurienne.

Comme son titre l'indique, le roman de Robert de Boron est centré sur la figure de Joseph d'Arimathie, un personnage brièvement mentionné par les Évangiles. Notable juif, membre du Sanhédrin mais secrètement disciple de Jésus, il aurait demandé à Ponce Pilate l'autorisation de descendre le corps de la Croix. Toujours selon les Évangiles, Joseph aurait lui-même enveloppé le corps de Jésus dans un linceul, puis l'aurait déposé dans un sépulcre encore inoccupé. Le personnage n'apparaît donc qu'entre

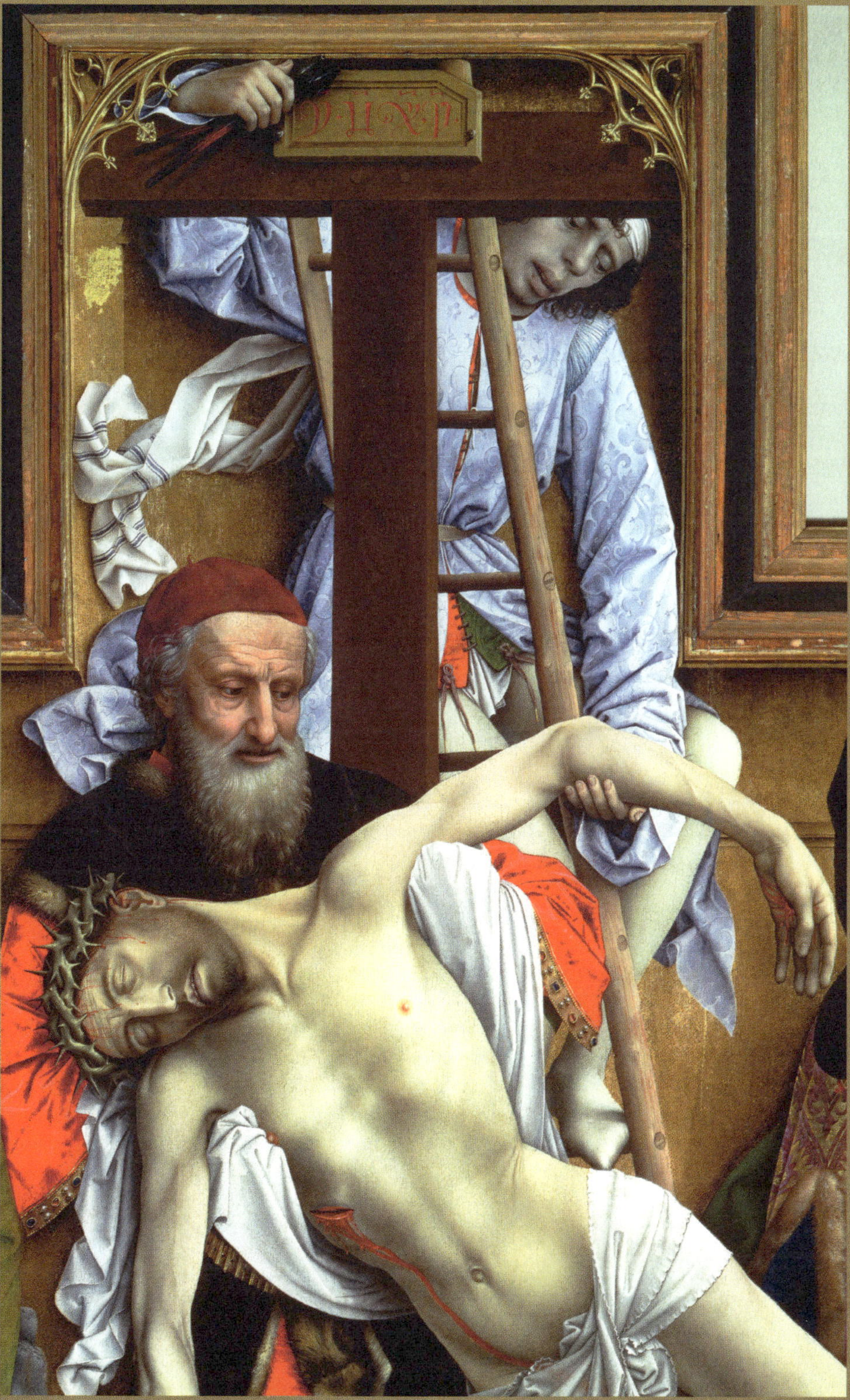

Joseph d'Arimathie aurait conservé la coupe de la Cène, dans laquelle il aurait recueilli un peu du sang de Jésus après la Crucifixion.

la crucifixion et la mise au tombeau, et n'est pas mentionné durant la Cène. Cependant, les écrits apocryphes se montrent beaucoup plus prolixes quant au personnage de Joseph d'Arimathie. Écrites tardivement, ces sources affirment qu'à l'issue du dernier repas, Joseph aurait conservé la coupe de la Cène, dans laquelle il aurait recueilli un peu du sang de Jésus après la crucifixion. Le pseudo-Évangile dit de Nicodème affirme que Joseph d'Arimathie aurait été ensuite arrêté et conduit au cachot. Jésus lui serait alors apparu, et l'aurait miraculeusement sorti de prison.

S'inspirant fortement de ces sources apocryphes, Robert de Boron reprend le récit d'un Joseph d'Arimathie recueillant le sang du Christ dans le Saint Calice, puis jeté en prison par les autorités juives. La nouveauté est que Robert de Boron va mêler ce récit d'origine biblique et apocryphe aux légendes arthuriennes inventées par Chrétien

Joseph d'Arimathie : une historicité douteuse

Certains des exégètes contemporains émettent de sérieux doutes quant à l'historicité de Joseph d'Arimathie, dont l'existence n'est confirmée par aucune autre source que la Bible et ne répond pas aux principaux critères d'historicité en vigueur. En effet, bien que son intervention soit évoquée par trois des quatre évangélistes, il se pourrait que le personnage ait été introduit dans une visée apologétique, pour éviter que le corps du Christ ne finisse simplement à la fosse commune, comme le veut la norme pour les suppliciés, mais aussi pour crédibiliser la découverte du tombeau vide et l'idée de la Résurrection. Il est possible, en outre, que sa présence se justifie aussi pour que la vie terrestre du Christ, débutée auprès de Joseph et Marie, se termine en présence de deux figures « symétriques », Joseph d'Arimathie et Marie de Magdala.

Désormais assimilé au Saint Calice, le Graal devient, dans divers récits, le centre d'un mystère et d'une véritable quête.

de Troyes dans son *Perceval*. Car d'emblée, dans l'œuvre de Robert de Boron, le Saint Calice est assimilé au Graal, ce même Graal que Perceval rencontre pour la première fois dans le château du Roi Pêcheur. C'est d'ailleurs à ce Graal que Joseph d'Arimathie doit son salut puisque, privé de nourriture en prison, il parvient à survivre grâce à la seule contemplation du Graal, tout comme le Roi Pêcheur du roman de Chrétien de Troyes… Toujours selon le récit de Robert de Boron, après douze ans passés en prison, Joseph d'Arimathie est libéré par l'empereur Vespasien. L'homme est alors rejoint pas sa sœur Enygeus et par son beau-frère Bron, qui ne serait autre que le fondateur de la lignée des rois pêcheurs. Quittant la Palestine avec ses disciples, Joseph d'Arimathie entend une voix céleste lui commander la création d'une table. Une table construite à l'image de

Certains des exégètes contemporains émettent de sérieux doutes quant à l'historicité de Joseph d'Arimathie

celle du Dernier Repas, et qui préfigure la Table ronde des chevaliers arthuriens. Sur cette table, Joseph devra déposer le Graal, ainsi qu'un poisson pêché par Bron, et devra s'asseoir à la place du Christ, avec ses disciples autour de lui. Seul un siège devra rester vide : celui de Judas. La table imaginée par Robert de Boron a évidemment pour but de préfigurer la Table ronde des romans arthuriens.

Joseph d'Arimathie vieillissant, le Graal est bientôt confié à Bron et à ses fils, qui reçoivent alors pour mission d'emporter le Graal – mais aussi la Sainte Lance – très loin vers l'occident, jusqu'aux vallées d'Avalon, et d'annoncer l'Évangile partout où ils passent. Il est dit enfin que l'un des fils d'Alain deviendra un jour le gardien du Graal. Ainsi l'auteur explique-t-il la fondation de la lignée des rois pêcheurs, gardiens du Graal. Avec le *Joseph d'Arimathie* de Robert de Boron, le mythe arthurien subit donc une très forte christianisation, un processus qui devait encore s'accentuer par la suite. Christianisation, mais aussi concrétisation, puisque le fait d'assimiler le Graal au Saint Calice est aussi un moyen de l'inscrire dans la réalité, et non seulement dans le fictionnel.

Une destination mystérieuse...

Le *Joseph d'Arimathie* de Robert de Boron est évidemment censé se dérouler de nombreuses générations avant le récit arthurien, avec lequel il n'est pas fait de lien direct. Bien sûr, l'auteur « prépare le terrain », en faisant de Bron le fondateur d'une lignée de rois pêcheurs gardiens du Graal, ce qui explique que ce dernier se trouve dans le château du Roi Pêcheur au moment où Perceval arrive. Surtout, l'auteur envoie Bron et ses fils vers un lointain rivage, les vaux d'Avalon, une destination mystérieuse que Robert de Boron ne situe pas précisément, mais qu'il est tentant d'identifier avec la Bretagne de la légende arthurienne, comprenant non seulement les îles Britanniques, mais aussi l'Armorique continentale.

Robert de Boron continue de tisser des liens entre son récit d'origine biblique et la matière arthurienne dans son *Merlin*, une œuvre qu'il semble avoir rédigée à la suite de son *Joseph d'Arimathie*. Au cours d'un dialogue avec le roi Arthur, Merlin apprend à ce dernier que la Table ronde a été créée par son père Uther, et qu'elle se voulait une réplique de la table construite autrefois par Joseph d'Arimathie pour y déposer le Graal. Les origines celtiques de la Table ronde, que Wace considérait un demi-siècle plus tôt comme l'héritage du cercle des guerriers autour du chef, est donc abandonnée au profit d'une christianisation du discours, doublée d'un renforcement des liens avec le Graal. Celui-ci s'apprête à devenir un véritable point nodal pour la matière arthurienne, et le ferment d'une littérature toujours plus riche. Désormais assimilé au Saint Calice, le Graal devient, dans divers récits, le centre d'un mystère et d'une véritable quête.

Cette quête est l'objet d'une compilation écrite dans les années 1220, l'une des plus riches jamais rédigées sur le monde arthurien, et dont l'auteur reste inconnu : le cycle du *Lancelot-Graal*. Comportant cinq volets qui forment autant de romans séparés, le *Lancelot-Graal* tente de résumer toute l'épopée arthurienne, en y intégrant les développements apportés par Boron. Il reprend donc successivement l'histoire de Joseph d'Arimathie, avec quelques variantes ; puis l'histoire de Merlin et sa relation avec le roi Arthur ; celle de Lancelot et sa liaison avec Guenièvre ; celle de la quête du Graal avec le roman *La Queste del Saint Graal* ; et enfin celle de la mort du roi Arthur.

Œuvre fondatrice pour la légende du Graal, *La Queste del Saint Graal* assimile le Graal non seulement à la coupe du Dernier Repas, au « vaisseau » ayant contenu le sang du Christ, mais aussi à la Grâce divine en elle-même. La christianisation du Graal et du monde arthurien est donc poussée à son comble. Les chevaliers ne recherchent plus un simple objet, mais bien la Grâce. À cette quête du Graal perdu, tous les chevaliers de la Table ronde participent, mais seul l'élu peut l'accomplir victorieusement. Un honneur qui revient au chevalier Galaad.

Galaad – un nom issu de la Bible – ne figure dans aucun roman de Chrétien de Troyes, pas plus que dans les continuations données à son Perceval, ni même dans l'œuvre de Robert de Boron. Créé par l'auteur du *Lancelot-Graal*, il est le fils de Lancelot et de la fille du Roi Pêcheur, Élaine, à qui une enchanteresse avait donné les traits de Guenièvre pour qu'elle s'unisse au chevalier. Porteuse du Graal au début de l'aventure, Élaine perd ce droit à la suite de son union impure avec Lancelot. De la même façon, Lancelot, autrefois destiné à être l'élu qui atteindra le Graal, perd cet honneur en raison de sa liaison avec Guenièvre. Mais de l'union de ces êtres déchus naît Galaad, le chevalier parfait par les armes comme par l'esprit, qui parviendra non seulement à trouver le Graal, duquel surgit le Christ, mais surtout à atteindre, grâce à lui, la révélation divine. Le sens du Graal est alors enfin dévoilé… mais à Galaad, et non au lecteur qui ne perçoit pas les visions qui s'offrent au vainqueur du Graal, lequel meurt dans la foulée ! Cet anticlimax, frustrant pour le lecteur, donne

Le cycle du *Lancelot-Graal*, avec Galaad, pose le cadre définitif de la légende arthurienne, mais il ne met pas fin à l'imagination des auteurs.

Au XIXe siècle, la légende du Graal suscite de nouveaux chefs-d'œuvre, dont l'opéra *Parsifal* de Richard Wagner.

cependant son sens à la quête du Graal. La fin de la quête sonne comme une invitation à mettre un terme aux aventures terrestres où s'épuise la chevalerie, qui doit désormais se tourner vers la contemplation spirituelle.

Le cycle du *Lancelot-Graal* pose le cadre définitif de la légende arthurienne, mais il ne met pas fin à l'imagination des auteurs, qui continuent de produire une abondante littérature par la suite, en y apportant constamment quelques variantes. Il faut toutefois attendre la fin du XVe siècle pour que la légende du Graal accouche de son ultime chef-d'œuvre, *Le Morte d'Arthur*. Écrite par Sir Thomas Malory dans les années 1470, cette compilation reprend la trame dont le *Lancelot-Graal* avait jeté les bases deux siècles et demi plus tôt, mais elle inscrit la quête du Graal et toute l'épopée arthurienne dans une dimension humaine supplémentaire, les fragilités morales des protagonistes étant au cœur du récit, à une époque où l'idéal chevaleresque fait déjà l'objet d'une vision nostalgique.

Parzival de Wolfram von Eschenbach : une lutte contre soi-même !

Bien que l'auteur s'en défende, le *Parzival* de Wolfram von Eschenbach – composé dans les années 1200 – est une sorte d'adaptation germanique du *Perceval* de Chrétien de Troyes. Toutefois, la tendance à l'introspection du héros y est plus poussée. Ses aventures initiatiques le font passer d'un état de doute permanent envers lui-même à l'acceptation de soi et à la paix. Il ne combat d'ailleurs qu'un seul chevalier… qu'il découvre finalement être lui-même ! Parzival est d'ailleurs vaincu par son double, qui brise son épée avant de faire la paix avec lui. Ainsi conduit à l'acceptation de lui-même, Parzival pourra accéder au Graal et en devenir « roi ». Plus encore que dans les autres versions du conte, la quête du Graal est donc présentée ici comme une quête spirituelle et personnelle, en plus de sa connotation religieuse.

Le Graal, source inépuisable

Le Graal est à l'origine de l'un des plus grands succès d'édition du début du XXIe siècle, le *Da Vinci Code* de Dan Brown. Au détour de l'enquête policière qui fait la trame du livre, le Graal y est redéfini de la plus étonnante des manières… Et cela à partir d'un détail de la célèbre peinture de la Cène de Léonard de Vinci, où le calice du dernier repas brille par son absence. Cette absence serait un indice laissé par Léonard pour laisser entendre que le véritable Graal se trouverait dans la personne présente à la droite du Christ ; laquelle ne serait pas l'apôtre Jean comme on l'affirme, mais Marie-Madeleine, qui serait porteuse d'un enfant conçu par Jésus. Le véritable Graal serait donc cet enfant, et la lignée même du Christ. Mais comme lors de son apparition sous la plume de Chrétien de Troyes, le Graal est aussi, dans le *Da Vinci Code*, un mystère et un secret, qui aurait été soigneusement dissimulé par l'Église depuis deux mille ans, et connu du seul prieuré de Sion, une mystérieuse organisation secrète fondée en l'an 1099… Si Dan Brown sème le doute en préface de son roman, en affirmant – comme nombre de grands écrivains avant lui – que son livre n'est pas une fiction, il va de soi que les thèses développées dans le *Da Vinci Code* n'ont aucun fondement historique. En particulier, il a été démontré que le prieuré de Sion est en réalité un canular de grande ampleur élaboré par le français Pierre Plantard dans les années 1950, tandis que l'absence de la coupe sur la représentation de la Cène de Léonard de Vinci est tout à fait conforme aux normes iconographiques de l'époque, qui ne représentent jamais le Saint Calice. Malgré son caractère fictionnel, cette théorie d'un complot mondial fondé sur un secret gardé depuis deux millénaires a fasciné des millions de lecteurs…

Le Graal est loin de se limiter à ces détournements littéraires. Son mythe continue d'inspirer les plus grands artistes, tandis qu'aujourd'hui encore le succès de la saga *Kaamelott*, qui joue avec l'épopée arthurienne tout en s'en montrant très respectueuse, montre que le mythe d'Arthur et du Graal est bel et bien passé du côté de la culture de masse. Même la quête du Graal matériel n'est pas terminée : historiens et scientifiques multiplient encore les études pour tenter de déterminer – sans doute en vain – si telle ou telle relique pourrait être authentifiée comme la coupe du dernier repas. Enfin, à une époque où la croyance est en perte de vitesse dans le monde occidental, la signification existentielle de la quête du Graal est de plus en plus souvent assimilée à des perspectives de développement personnel. C'est là, depuis son apparition sous la plume de Chrétien de Troyes, l'une des grandes forces du Graal, dont l'inaccessibilité même renvoie l'homme à sa propre condition.

Dans la célèbre peinture de la Cène de Léonard de Vinci, le calice du Dernier Repas brille par son absence.

LA TOUTE-PUISSANCE DU ROI *Salomon*

Près de trois mille ans après son règne, le nom de Salomon résonne toujours d'une gloire particulière, au point d'être devenu à lui seul synonyme de sagesse et de justice. De tous les rois de l'Ancien Testament, il est le plus célèbre, le plus riche, le plus avisé. Grand bâtisseur, sa réputation exemplaire a traversé les siècles pour en faire le modèle du souverain à la fois puissant et juste. Les trois religions abrahamiques l'admirent : les juifs voient en lui l'un des fondateurs de la lignée de Juda ; les chrétiens en ont fait un ancêtre de Jésus ; les musulmans le considèrent comme un prophète.

Auteur de l'un des édifices religieux les plus célèbres au monde, le temple de Jérusalem, Salomon se trouve à la tête d'une capitale où l'or semble couler à flots. Enfin, son nom est associé à deux des épisodes les plus célèbres de toute la Bible : le jugement associé à son nom, et l'arrivée de la reine de Saba. Mais Salomon a aussi un double visage, car à la fin de sa vie la

Si Salomon a bien existé, était-il aussi riche et puissant que le décrit la Bible ?

Bible le présente comme un idolâtre, infidèle à la loi de Yahvé, dont les écarts seraient à l'origine de la division du royaume d'Israël. Entre splendeur et déchéance, Salomon n'en finit pas de fasciner, pour façonner une légende intemporelle qui dépasse largement le cadre des grandes religions.

Mais le véritable roi Salomon était-il vraiment conforme au portrait qu'en dresse la Bible ? Il est bien difficile de répondre, car trouver ne serait-ce que des preuves de son existence représente un véritable défi pour les archéologues et les historiens. Et si Salomon a réellement existé, était-il aussi riche et si puissant que le prétend la Bible ? Son règne correspond-il vraiment à un âge d'or pour Israël ? Ce n'est pas certain, car la réalité historique du Xe siècle avant notre ère semble entrer en contradiction avec la légende. Alors, quelle part de réalité se cache derrière les fabuleuses mines du roi Salomon, et l'épisode de la reine de Saba ?

Pour lever le voile sur ces interrogations, il faut exploiter les connaissances issues de l'archéologie, qui permettent de comprendre à quoi pouvait ressembler la Judée du Xe siècle avant J.-C., loin de l'image d'Épinal d'un grand royaume rayonnant sur toute la région... Il faut aussi interroger le contexte historique de la rédaction du livre des Rois, principale source d'information sur Salomon, et comprendre quelles furent alors les motivations des scribes, qui semblent avoir projeté sur la figure légendaire de Salomon toutes sortes de fantasmes, positifs ou négatifs, dans le but de mieux asseoir les principes d'une religion naissante. C'est donc à la croisée de la réalité historique et de la construction du récit biblique qu'il faut chercher le véritable Salomon, dont la figure ne se dévoile qu'au terme d'un passionnant jeu de pistes entre textes sacrés et sites archéologiques.

D'emblée, Salomon est présenté comme un souverain bien différent de son père David, roi guerrier par excellence.

Le plus sage de tous les rois

Lorsque s'ouvre son règne, Salomon se trouve à la tête d'un puissant royaume, qu'il hérite de son père David, fondateur de la lignée des rois d'Israël et Juda. C'est du moins ainsi que le présente la Bible hébraïque, qui décrit le règne de Salomon dans le premier livre des Rois. D'après la même source, Salomon serait le deuxième fils de David, fruit de son union avec Bethsabée. La mort du fils aîné de David, Amnon, qui s'était rendu coupable d'avoir violé sa demi-sœur Tamar, avait propulsé Salomon héritier du trône. Mourant, le vieux roi David aurait confié ces paroles à son fils et successeur : « Je m'en vais par le chemin de toute la terre. Sois fort et montre-toi un homme. Prends garde à Dieu, ton Dieu, pour marcher dans ses voies et garder ses statuts, commandements et ordonnances, comme il est écrit dans la Loi de Moïse. » Surtout, David laisse à son fils la charge de construire le temple de Jérusalem. Il s'était en effet proposé de le construire lui-même, mais Yahvé lui a enjoint de ne pas le faire : « Ne bâtis pas de maison à mon nom, car tu as été un homme de guerre et tu as versé le sang. [...] C'est ton fils Salomon qui bâtira ma Maison et mes parvis, car c'est lui que j'ai choisi pour fils et je serai pour lui un père. » S'il ne peut construire le temple lui-même, David prend tout de même la peine de préparer le travail de son fils : en prévision du futur édifice, il achète un terrain au sommet du mont Moriah, et rassemble d'importantes quantités de matériaux qui serviront à la construction.

À son avènement, Salomon doit faire face aux prétentions de son frère Adonias, qui tente de se faire proclamer héritier en épousant Abisag, la veuve du roi défunt. Salomon le fait mettre à mort, ainsi que ses partisans. Le nouveau roi d'Israël profite alors de bonnes relations avec l'Égypte pour épouser Naamah, fille de Pharaon, lequel devait donner la ville cananéenne de Gézer en dot à sa fille.

D'emblée, Salomon est présenté comme un souverain bien différent de David, roi guerrier par excellence, alors que son fils est réputé au contraire pour sa sagesse, qu'il tient de Yahvé en personne. Ce don de la sagesse se fait à Gabaôn, un sanctuaire où Salomon s'était rendu pour effectuer des sacrifices. Yahvé lui apparaît alors en songe pour lui dire : « Demande ce que je dois te donner. » À quoi Salomon répond : « Donne à ton serviteur un cœur plein de jugement pour gouverner ton peuple, pour discerner entre le bien et le mal, car qui pourrait gouverner ton peuple, qui est si grand ? » Satisfait de la sagesse de son serviteur, Yahvé lui répond : « Parce que tu as demandé cela, que tu n'as pas demandé pour toi de longs jours, ni la richesse, ni la vie de tes ennemis, mais que tu as demandé

La Bible décrit Salomon comme le plus sage de tous les rois.

pour toi le discernement du jugement, voici que je fais ce que tu as dit : je te donne un cœur sage et intelligent comme personne ne l'a eu avant toi et comme personne ne l'aura après toi. Et même ce que tu n'as pas demandé, je te le donne aussi : une richesse et une gloire comme à personne parmi les rois. Et si tu suis mes voies, gardant mes lois et mes commandements comme a fait ton père David, je t'accorderai une longue vie. »

Dès lors, d'après la Bible toujours, Salomon aurait été le plus sage de tous les rois : « Dieu donna à Salomon une sagesse et une intelligence extrêmement grandes et un cœur aussi vaste que le sable qui est au bord de la mer » ; « La sagesse de Salomon fut plus grande que la sagesse de tous les fils de l'Orient et que toute la sagesse de l'Égypte. » Cette sagesse, Salomon allait avoir tout le loisir de l'éprouver une fois rentré à Jérusalem. Lors d'un banquet, le roi est pris à témoin par deux femmes, deux prostituées habitant la même maison, qui se disputent un nourrisson : chacune prétend que l'enfant est le sien, et accuse l'autre de vouloir le lui prendre. Interrompant leur dispute, le roi réclame alors une épée et ordonne : « Partagez l'enfant vivant en deux et donnez la moitié à l'une et la moitié à l'autre. » La véritable mère de l'enfant s'écrie alors : « S'il te plaît, Monseigneur ! Qu'on lui donne l'enfant vivant, qu'on ne le tue pas ! » Cette preuve d'amour maternel permet à Salomon de l'identifier et de lui rendre son enfant. L'épisode est devenu l'un des plus célèbres de la Bible hébraïque.

Avec à sa tête ce souverain d'une sagesse proverbiale, le royaume d'Israël aurait alors connu une période de paix, de prospérité et d'abondance comme il n'en avait jamais bénéficié. Régnant sur un grand royaume unifié – car la division entre royaume de Juda au sud et royaume de Samarie au nord n'avait pas encore eu lieu –, Salomon peut s'appuyer sur un régime monarchique bien organisé. Le livre des Rois décrit en effet les nombreux officiers au service de Salomon : prêtres, hérauts, chef de l'armée... sans compter les douze préfets qui le représentent dans tout Israël, dont un se trouve à la tête de « soixante villes fortes, emmurées et verrouillées de bronze ». Mieux encore, il est dit que, outre son propre royaume, « Salomon étendit son pouvoir sur tous les royaumes depuis le Fleuve jusqu'au pays des Philistins et jusqu'à la frontière d'Égypte. Ils apportèrent leur tribut et servirent Salomon toute sa vie. [...] Car il dominait sur toute la Transeuphratène depuis Thapsaque jusqu'à Gaza sur tous les rois de Transeuphratène et il avait la paix sur toutes ses frontières alentour ». La Bible offre donc l'image d'un royaume vaste et unifié, rayonnant sur toute la région.

Fort de ce puissant pays, Salomon entreprend alors de grands chantiers de construction, à commencer par celui du

Lors d'un banquet, deux prostituées se disputent la maternité d'un bébé. La ruse qui va servir à les départager fera de cet épisode l'un des plus célèbres de la Bible hébraïque.

temple de Jérusalem, qui aurait débuté au cours de sa quatrième année de règne. Le récit de la construction prétend que le roi aurait alors mobilisé pas moins de trente mille hommes de corvée pour couper et débiter le bois de cèdre et de genévrier nécessaire, mais aussi soixante-dix mille porteurs pour acheminer les matériaux, ainsi que quatre-vingt mille carriers dans la montagne. Sans oublier quelque trois mille trois cents officiers pour diriger les travaux ! Malgré cette main-d'œuvre surabondante, la construction dure tout de même sept années. Décrit très précisément, le Temple est un édifice impressionnant, construit en pierre mais revêtu de bois de cèdre et d'or à l'intérieur, et doté en façade de deux immenses colonnes de bronze, réalisées par Hiram, un ouvrier spécialisé envoyé par la cité de Tyr. À l'issue de la construction, l'Arche d'alliance est introduite dans le Temple destiné à la recevoir, et l'événement est célébré par huit jours de festivités.

À Jérusalem, Salomon édifie également de puissantes fortifications, ainsi que son palais, qui lui réclame treize années de travail. Précisément décrit lui aussi, il se compose de salles plus vastes encore que celles du Temple. Mais les travaux ne se limitent pas à la capitale : la Bible attribue à Salomon d'importantes constructions dans les villes de province comme Haçor, Megiddo, Gezer, Beth-Horôn-le-Bas, Baalat, Tamar... Quant aux richesses du roi d'Israël, elles semblent inépuisables : l'or et les métaux précieux, sous toutes formes, semblent couler à flots à Jérusalem. Ces richesses – ainsi que la réputation de sagesse de Salomon – attisent d'ailleurs la curiosité de la reine de Saba, qui arrive à Jérusalem à la tête d'une immense suite, véritable caravane chargée d'aromates, d'or et de pierres précieuses, qu'elle offre en grandes quantités à Salomon. En retour, le roi d'Israël la couvre de présents à son tour.

Qu'a donc bâti Salomon de si grandiose pour entrer dans la légende ?

Salomon magicien ?

En plus d'un roi tout-puissant, instruit et sage, Salomon est parfois présenté comme un grand magicien. La Bible hébraïque ne dit pourtant pas un mot d'éventuels pouvoirs magiques du fils de David. Cependant, le roi est présenté comme un grand connaisseur des plantes et des animaux, au point de leur parler, ce qui est peut-être à l'origine de la légende. Il est en tout cas présenté comme un astrologue dès le IIe siècle avant J.-C., mais c'est sous la plume de Flavius Josèphe que Salomon est dépeint pour la première fois comme l'auteur de trois mille livres remplis de paroles d'exorcisme et d'incantations contre les démons. Bientôt, ce sont de véritables livres de magie qui lui sont faussement attribués : les plus anciens manuscrits de ces écrits apocryphes remontent au Ve siècle après J.-C. Écrits en grec ancien, ils semblent avoir remporté un grand succès car ils ont ensuite été traduits en latin, hébreu et arabe.

Le roi Salomon a-t-il réellement existé ?

Ce récit d'un roi à la fois sage, puissant et immensément riche a imprégné les mémoires, bien au-delà du seul monde hébraïque, au point que Salomon est devenu une figure universelle de sagesse et de justice. Mais a-t-il seulement existé ? La question peut paraître étonnante, tant la Bible fournit d'informations à son sujet, mais elle n'est pourtant pas inutile, car l'historicité de David comme celle de Salomon a été mise en doute par les chercheurs.

En dehors de la Bible en effet, on ne connaît quasiment aucune mention de David ou de Salomon, aucune source écrite qui viendrait confirmer leur existence historique, ou même celle du royaume de Juda ou d'Israël à cette époque, et cela alors que les archives des grandes puissances voisines fourmillent de mentions des pays alentour, jusqu'aux plus petites cités-États. En outre, les livres de Samuel et les livres des Rois, principales sources d'information sur David et Salomon, ont été rédigés plusieurs siècles après l'époque supposée des deux souverains, de sorte qu'on ne peut leur accorder une confiance aveugle. Alors, faudrait-il conclure à une invention complète, ou du moins à l'absence totale de preuve de l'existence de David et Salomon ?

Pas tout à fait, car en 1993, une stèle découverte à Tel Dan est venue rebattre les cartes. Brisée en trois morceaux, cette stèle en basalte n'est pas datée précisément, mais les scientifiques s'accordent à l'attribuer au IXᵉ ou au VIIIᵉ siècle avant notre ère, avant la destruction de Tel Dan par les Assyriens en 733 avant J.-C. Exécutée sous l'ordre d'un roi de Damas, très probablement Hazaël, la stèle a une vocation commémorative : elle doit célébrer la victoire remportée par Hazaël sur les rois d'Israël, dans une perspective de propagande militaire. Il s'agit donc d'une source

La découverte d'une stèle à Tel Dan où l'on peut lire l'inscription « la maison de David » provoque un retentissement mondial. Pour la première fois, nous avons une preuve écrite de l'existence de son royaume.

extérieure au monde judaïque, peu suspecte de relayer une tradition judaïque. Or, l'inscription sur la stèle – dont les manques sont aisés à restituer – porte les phrases suivantes : « J'ai tué [Jo]ram fils d'[Achab] roi d'Israël, et [j'ai] tué [Ahas] yahu fils de [Joram] roi de la maison de David. Et j'ai réduit [leur ville en ruine et changé] leur terre en [désolation]. » L'expression « maison de David » désigne ici la dynastie royale fondée par David, dont c'est la première apparition certaine dans un texte. La stèle indique en outre qu'au moment de sa fabrication, il existait déjà deux lignées royales distinctes en Israël, avec d'une part la « maison d'Omri » et d'autre part la « maison de David », et non plus un grand royaume unifié comme sous David et Salomon d'après la Bible.

Cette source essentielle, dont l'authenticité n'a jamais été mise en doute, prouverait donc l'historicité de David, ou du moins d'une lignée royale se réclamant de lui. En revanche, en dehors de la Bible, on ne connaît absolument aucune mention écrite ancienne de Salomon. L'historicité du plus sage des rois d'Israël ne peut donc être prouvée. Cependant, il n'existe pas non plus de raison particulière de dénier l'unique source disponible à son sujet – c'est-à-dire la Bible – lorsqu'elle affirme que le successeur de David se nomme Salomon. En outre, les difficultés apparentes de ce dernier à s'imposer comme roi face aux prétentions de son frère et de ses partisans constituent un indice de crédibilité du récit biblique. Mais l'existence de Salomon ne pourra être véritablement confirmée que lorsqu'une autre source écrite aura été identifiée.

Une autre question ouverte concerne la temporalité du règne de Salomon. D'après la datation massorétique, la construction du Temple aurait été achevée en l'an 3146 après la Création, ce qui correspondrait théoriquement à l'an 1018 avant J.-C., mais pour les hautes époques, cette chronologie n'a qu'une portée théologique et non historique. L'étude des relations avec les chronologies historiques d'autres civilisations permet d'établir une chronologie plus fiable. En particulier, les historiens ont pu établir des corrélations sûres avec la chronologie égyptienne jusqu'au règne de Ramsès VI (mort en 1137 avant J.-C.), ainsi qu'avec les chronologies assyriennes à partir de 853 avant J.-C., date de la bataille de Qarqar. Les règnes de David et de Salomon se

Les légendes les plus populaires entourant David, à commencer par son combat contre le géant Goliath, sont considérées comme des inventions de la part des rédacteurs bibliques.

situent entre ces deux dates, mais le marqueur fourni par la bataille de Qarqar, évoquée par la Bible et bien située dans la chronologie historique, permet de penser que Salomon aurait régné entre 970 et 930 avant J.-C. environ, et son père David entre 1010 et 970. Ces dates restent cependant très approximatives, car ces durées de règne établies à quarante années constituent un stéréotype dans la Bible, et rien ne prouve qu'elles correspondent à la réalité. Ces dates n'en fournissent pas moins un ordre de grandeur, qui permet d'installer le règne de Salomon vers le milieu du Xe siècle avant J.-C. Cette chronologie semble confirmée par la campagne menée par le pharaon Sheshonq Ier en Palestine en 925 avant J.-C., car celui-ci est traditionnellement assimilé au pharaon « Shishak », que la Bible fait intervenir peu après le règne de Salomon.

Le David historique, loin du héros de la Bible

Malgré un manque total de données historiques sur le roi David, le père de Salomon, certains chercheurs ont tenté d'interpréter le portrait qu'en donne le récit biblique de la manière la plus vraisemblable historiquement. Ainsi Baruch Halpern a-t-il imaginé David comme étant un ancien vassal d'un roi philistin. L'homme se serait imposé comme meneur charismatique d'une troupe de hors-la-loi, qui s'emparent de Jérusalem et en font leur base principale. Steven McKenzie dépeint quant à lui David comme un tyran, capable d'assassiner ses opposants, jusqu'à ses propres fils. Quant aux légendes les plus populaires entourant David, à commencer par son combat contre le géant Goliath, elles sont considérées comme des inventions de la part des rédacteurs bibliques.

Le fantasme d'un grand royaume unifié ?

Le premier livre des Rois affirme que Salomon se trouve à la tête d'un grand royaume unifié, comprenant à la fois Israël et Juda, et que ce serait seulement après son règne que ce royaume unifié se serait effondré pour donner naissance à deux royaumes distincts. Mieux encore, les rédacteurs du livre des Rois prétendent que Salomon aurait imposé sa domination sur tous les royaumes alentour, depuis l'Euphrate jusqu'à la Méditerranée, réduisant au passage en esclavage les anciennes populations étrangères demeurées sur le sol israélien après la conquête de Canaan. En outre, Salomon apparaît à la tête d'un royaume centralisé et doté d'une puissante administration,

Le royaume unifié et prospère du temps de Salomon correspond à une pure construction de la part des rédacteurs de la Bible.

Jérusalem a été détruite par Babylone en 586 avant notre ère, au moment de la rédaction du livre des Rois. Le souvenir d'un grand royaume unifié ne pouvait que séduire les scribes.

comprenant notamment douze préfectures. Enfin, le roi semble maîtriser le commerce international dans la région : caravanes en provenance du désert, commerce avec la Phénicie et l'Égypte, commerce maritime de haute mer… Rien ne semble échapper à la puissance du roi Salomon !

Si l'on s'en tient à la réalité historique, pourtant, il semble bien que le royaume dirigé par Salomon devait être infiniment plus modeste que ce que dépeint la Bible. D'abord, de nombreux chercheurs actuels s'accordent à dire que l'idée d'un grand royaume et d'une monarchie unifiée n'a aucun fondement : elle relève de l'imagination des auteurs bibliques. D'après l'archéologue Israël Finkelstein en effet, « si Salomon avait vraiment été à la tête d'un immense royaume tel que le décrit le récit biblique, les nombreuses archives des pays voisins n'auraient pas manqué de le dire et il est impensable qu'aucun des nombreux documents retrouvés ne contienne la moindre allusion à ce royaume ». À l'évidence, David et Salomon ne pouvaient régner que sur le territoire correspondant à la Judée, autour de Jérusalem, et non sur les terres du Nord, qui allaient devenir le royaume de Samarie. Et il n'est évidemment pas question d'une quelconque domination extérieure. Comme le résume Israël Finkelstein, « l'idée que la modeste Jérusalem du Xe siècle, avec son arrière-pays à l'habitat clairsemé, ait régné sur les riches et prospères cités-États des lointaines vallées du Nord est tout à fait absurde ».

De nombreux indices semblent également montrer que le « royaume » de Juda sous David n'était pas une monarchie à part entière : dans les textes bibliques eux-mêmes, David est souvent appelé *négid*, c'est-à-dire « prince » ou « chef », et non *melek*, ce qui signifie « roi ». En outre, d'après la Bible toujours, David ne semble disposer d'aucune administration digne de ce nom : il n'est que secondé par des disciples issus de sa famille et de sa région natale autour d'Hébron. Le David historique était donc davantage un chef de clan qu'un roi. Partant de si loin, il est peu probable que Salomon ait pu jeter les bases d'un véritable royaume avec une administration solide : c'est là une réalité qui correspond au contexte de rédaction du livre des Rois, plusieurs siècles après son règne. Le « royaume » de David et de Salomon devait donc s'apparenter davantage à une chefferie qu'à une véritable monarchie.

Un constat similaire peut être observé à propos de la population du « royaume ». Les chiffres astronomiques avancés par la Bible pour les effectifs participant à la construction du Temple n'ont évidemment rien de réaliste. Les fouilles archéologiques montrent qu'au Xe siècle, la Judée n'abrite que des cités très modestes, qui ne sont au mieux que des grosses bourgades. Montagneuse et sèche, la région ne comporte probablement que quelques milliers d'habitants vers l'an 1000 avant J.-C., soit beaucoup moins que la région septentrionale correspondant au futur royaume de Samarie, qui contient sans doute déjà quarante mille habitants, attirés par des terres mieux irriguées. Il semble toutefois que la démographie progresse au cours du Xe siècle, peut-être jusqu'à doubler d'après les estimations les plus hautes pour la fin du siècle. Même dans cette perspective optimiste toutefois, les effectifs demeurent très modestes, sans aucun rapport avec ceux annoncés par la Bible pour le chantier du Temple.

Le royaume unifié et prospère du temps de Salomon correspond donc à une pure construction de la part des rédacteurs de la Bible. Le contenu du récit répond aux besoins idéologiques du moment, c'est-à-dire celui de la rédaction du livre des Rois aux VIIe et VIe siècles avant J.-C. Dans un premier temps, il s'agit de justifier la politique d'expansion voulue au VIIe siècle par le roi Josias, qui souhaite conquérir les territoires de l'ancien royaume de Samarie, délaissés par un empire assyrien affaibli. Puis, au moment de la rédaction finale, qui s'effectue après la destruction de Jérusalem par Babylone en 586, le souvenir d'un grand royaume unifié ne pouvait que séduire les scribes, alors que le royaume de Juda n'existe tout simplement plus, la Judée étant devenue une province de l'Empire perse.

Le récit biblique étant considéré comme fondateur pour l'identité juive, la remise en question de son historicité est parfois perçue d'un mauvais œil.

Dans la réalité, les signes archéologiques d'un véritable État centralisé à Jérusalem n'apparaissent que deux siècles après le règne de Salomon, au VIIIe siècle : on l'observe à partir de différents indices comme la production massive de poteries standardisées, qui traduit un fort développement de la production agricole ; l'apparition de poids marqués traduisant l'existence d'un système de poids et mesures ; la généralisation de l'écriture sur différents supports ; et enfin l'apparition de sceaux, qui trahissent l'existence d'une administration efficace. Ce développement du royaume de Juda s'effectue progressivement, mais connaît une brusque accélération à partir de la fin du VIIIe siècle, après la prise de Samarie par les Assyriens en 722 avant J.-C. Des habitants

Les progrès de la science historique, une question sensible

Le récit biblique étant considéré comme fondateur pour l'identité juive, la remise en question de son historicité est parfois perçue d'un mauvais œil par les tenants les plus exigeants de la tradition. Tout particulièrement en ce qui concerne cet âge d'or d'un royaume salomonien unifié, essentiel à la question de l'étendue de l'État d'Israël. C'est pourquoi les scientifiques désireux de rétablir la vérité historique en prenant des distances vis-à-vis du récit biblique sont accusés par les traditionalistes d'une lecture révisionniste de l'histoire du pays, estimant que celle-ci affaiblirait la légitimité de l'État d'Israël et qu'elle fournirait des arguments à la cause palestinienne. Pourtant, les progrès de l'archéologie et la meilleure compréhension de la construction historique du récit biblique constituent aussi – et avant tout – des progrès au service de l'histoire du peuple juif.

issus de Samarie ou de l'ancien royaume d'Israël affluent alors en Judée et autour de sa capitale Jérusalem, dont la population s'accroît de façon exponentielle, de même que celle des autres cités fortifiées qui parsèment le territoire.

Mais deux siècles avant ce grand développement, la région de Juda n'est qu'un embryon de royaume régi par des chefferies et composé de quelques villages perdus dans des régions montagneuses, arides et pauvres. C'est d'ailleurs probablement grâce à l'insignifiance même de la région que les premiers princes de Juda ont pu conserver leur indépendance vis-à-vis des grandes puissances qui les entouraient et qui auraient pu n'en faire qu'une bouchée. C'est ce qui explique sans doute également que la lignée de David ne soit pas évoquée dans les archives égyptiennes ou assyriennes, qui devaient considérer les petites structures claniques de Judée comme négligeables.

Jérusalem, un simple village ?

Si la Judée du Xe siècle n'avait donc rien du royaume centralisé et florissant dépeint par la Bible, que dire de Jérusalem ? À l'évidence, la ville était bien loin de la capitale opulente dépeinte par le livre des Rois. Les chercheurs actuels s'accordent à penser que la Jérusalem du Xe siècle n'est qu'une grosse bourgade de montagne, pauvre et dépourvue de fortifications. Cette ville devait se trouver, non pas dans la pente du mont du Temple, comme on le pensait jusqu'ici, mais bien – comme toutes les villes établies sur une colline à cette époque – au sommet de ce dernier. Elle a donc été détruite par la suite pour laisser place au temple d'Hérode, et à l'actuelle esplanade des Mosquées. Malheureusement, du fait de l'extrême sensibilité politique de cette zone, qui rend les fouilles

Salomon a régné sur Israël il y a trois mille ans. Trouver des preuves de son existence et de la puissance de son règne est un véritable défi pour les archéologues.

impossibles, les données archéologiques manquent pour confirmer l'emplacement de la cité de David. En tout cas, la cité ne devait guère abriter que quelques centaines d'habitants – un millier tout au plus – au cours du Xe siècle, d'après les estimations fondées sur les emplacements des cimetières.

La cité de David était-elle fortifiée ? Probablement non, mais la ville conservait tout de même, sans doute dans un état de ruine très avancé, d'imposantes fortifications remontant au XVIIIe siècle avant J.-C. Ces remparts avaient été construits par les Jébuséens, la population qui avait précédé les Israélites dans ce qui allait devenir la région de Judée. Mais ces antiques fortifications enserraient un périmètre beaucoup plus vaste que la seule cité de David, car la ville a connu – comme toute la Palestine – une brutale chute démographique à partir du XVIIe siècle avant J.-C. Outre ces restes de remparts, Jérusalem semble n'avoir comporté du temps de David qu'un seul édifice important, le Millo : une structure en escalier à la fonction mystérieuse, qui trouvait peut-être ses origines dans une section de rempart jébuséen. La Jérusalem du Xᵉ siècle était donc à la hauteur de la Judée contemporaine : un gros village de montagne, au milieu d'une région pauvre. Et s'il s'agissait certainement de la ville la plus peuplée de Judée, il n'est même pas certain que, dès cette époque, Jérusalem ait exercé une prééminence politique quelconque sur les quelques autres bourgades qui parsemaient le pays.

Ce n'est que deux siècles après Salomon que Jérusalem prend son envol, en profitant de l'afflux démographique provoqué par la destruction de Samarie par les Assyriens en 722 avant J.-C. En quelques décennies, si l'on se fie aux estimations, la population de la ville passe alors d'un millier d'habitants à quelque douze mille âmes. De même, sa surface est multipliée, passant de six à soixante-quinze

Les fouilles se concentrent autour des murailles de la vieille ville actuelle, dans un quartier appelé « la cité de David ».

hectares ! Dans le même temps, Jérusalem devient la véritable capitale d'un royaume enfin digne de ce nom, et désormais fondé sur une monarchie centralisée et dotée d'une véritable administration. Enfin, il est probable que l'aspect même de la ville ait profondément changé : outre le Temple dont on attribue la construction à Salomon, la ville dispose probablement de plusieurs bâtiments publics. En 701 avant J.-C. enfin, le roi Ézéchias fait creuser un tunnel pour drainer l'eau de la source du Gihon dans la ville, de façon à accompagner l'essor démographique de cette dernière.

On l'aura compris, cette nouvelle ville de la fin du VIIIe siècle n'a plus rien à voir avec la bourgade qui dut exister du temps de Salomon, et qui ne se composait sans doute que d'habitations et de bâtiments assez rudimentaires… Existait-il seulement un temple ?

La construction du Temple, l'œuvre de Salomon ?

Détruit en 586 avant J.-C. par Nabuchodonosor II, le premier temple est censé avoir été construit par Salomon. Le monument est décrit très précisément dans le livre des Rois. Cette description correspond très probablement à un édifice ayant effectivement existé, et dont les rédacteurs bibliques ont souhaité conserver la mémoire. Mais ce temple avait-il réellement été construit par Salomon ? Beaucoup de chercheurs en doutent aujourd'hui.

Si l'on en croit le livre de Samuel, le temple de Salomon aurait été construit au sommet du mont Moriah, que l'on assimile avec le mont du Temple actuel. C'est-à-dire au contact même de la cité de David, et probablement à l'emplacement qui fut ensuite réutilisé par le second temple, puis par l'esplanade des Mosquées. Faute de fouilles, l'archéologie ne peut – du moins pas directement – interroger l'historicité d'un temple construit dès l'époque de Salomon. Il faut donc s'en remettre à l'analyse du récit biblique qui figure dans le livre des Rois.

La description très précise qui est donnée du Temple fait apparaître ce dernier comme une sorte de transposition en pierre du tabernacle de toile qui aurait abrité l'Arche d'alliance du temps de l'Exode – en réalité, ce fut probablement la description écrite du Tabernacle qui s'inspira des dispositions architecturales du temple contemporain de l'écriture de l'Exode… Quoi qu'il en soit, le texte biblique décrit le Temple comme un édifice imposant : cent coudées de longueur (soit environ cinquante mètres), vingt-cinq coudées de hauteur et vingt coudées de largeur, et encore ne s'agit-il probablement que des dimensions des volumes intérieurs. Construit très certainement sur un plan rectangulaire, l'édifice se compose de trois espaces successifs : le portique, c'est-à-dire l'entrée monumentale ; le temple proprement dit, qui forme l'espace le plus vaste ; et le Saint des saints, où se trouvait l'Arche d'alliance, qui forme un espace cubique de vingt coudées de côté. En façade, le portique accueille deux énormes colonnes de bronze, de neuf mètres de hauteur et deux mètres de diamètre, couronnées chacune d'un chapiteau en bronze également, dont la forme très précisément décrite se compose de différents motifs de festons et grenades. À l'intérieur, les murs sont entièrement revêtus de bois de cèdre, et le sol d'un plancher en cyprès. Quant au Saint des saints, il aurait été entièrement recouvert d'or pur. Enfin, l'ensemble du bâtiment est entouré d'une vaste cour formant parvis, au centre de laquelle se trouve la « mer d'airain », une immense vasque de bronze soutenue par douze bœufs

Salomon aurait fait édifier le premier temple de Jérusalem, symbole de l'union de tous les Hébreux.

du même métal, et probablement destinée à la purification des prêtres.

Ce Temple imposant et luxueux est-il réellement celui de Salomon ? Les chercheurs mettent cette affirmation en doute, car l'édifice n'est mentionné dans aucune source de la Bible : le premier artefact portant mention du temple de Jérusalem est un éclat de poterie réalisé vers 600 avant J.-C., soit plus de trois siècles après l'époque de Salomon, et seulement quelques années avant la destruction babylonienne… Or, la majorité des historiens et archéologues s'accordent

Ce temple imposant et luxueux est-il réellement celui de Salomon ?

à penser que le Temple décrit par la Bible est beaucoup trop imposant et trop abouti pour avoir été élevé au Xᵉ siècle, alors que Jérusalem n'était encore qu'une grosse bourgade montagnarde. Même en faisant abstraction des matériaux luxueux à l'intérieur, qui auraient pu être ajoutés après coup, un tel édifice aurait été tout à fait hors de portée des premiers princes de Juda, aussi bien financièrement que techniquement, en particulier les grandes colonnes de bronze de son portique. En outre, le plan du Temple, tel qu'il est décrit dans le livre des Rois, peut être assez nettement rapproché de prototypes de temples syriens du IXᵉ siècle avant J.-C. Tout récemment enfin, à Tel Motza, dans la banlieue de Jérusalem, des fouilles ont mis au jour les restes d'un autre temple, dont la construction a pu être datée du IXᵉ siècle également. Or il est remarquable que, aux dimensions près, l'édifice présente des dispositions très similaires à celles du temple de Jérusalem, avec notamment deux colonnes monumentales à l'entrée, dont il ne reste que le socle. Le temple décrit comme celui de Salomon ressortirait-il de la même époque, c'est-à-dire du IXe siècle ? C'est une possibilité, mais il pourrait même s'avérer plus tardif encore, car de nombreux passages du livre des Rois semblent décrire une réalité qui est celle du roi Manassé au VIIe siècle avant J.-C., alors que Jérusalem se trouve en plein développement. Le Temple décrit dans le livre pourrait donc être celui existant au VIIIe siècle, et dont la construction était sans doute relativement récente.

Cette conclusion ne signifie pas nécessairement que Salomon n'ait rien construit dans la Jérusalem du Xe siècle. Dès cette époque aurait pu être élevé un premier sanctuaire, mais il n'était certainement pas si imposant et opulent que celui décrit par la Bible. En outre, cet éventuel sanctuaire ne pouvait être destiné à accueillir l'Arche d'alliance, qui – si l'on admet qu'elle existait déjà, ce qui n'a rien de certain – se trouvait alors en d'autres lieux.

Quant à la centralisation du culte à Jérusalem, dont le temple serait devenu l'unique sanctuaire du monde judaïque à l'exclusion de tout autre, il s'agit d'une réalité bien tardive : le temple de Tel Motza montre qu'au IXe siècle encore, il existe des sanctuaires en dehors de Jérusalem, et même à proximité immédiate de cette dernière. D'après l'archéologie, qui fournit des renseignements très fiables à ce sujet, ce n'est que dans la seconde moitié du VIIe siècle avant J.-C., sous le règne du roi Josias, que des sanctuaires extérieurs à Jérusalem et jusque-là en activité sont désacralisés. Cette centralisation du culte se double alors de l'instauration exclusivement monothéiste. L'ensemble de ces nouveaux principes sont alors affirmés – et présentés comme un rétablissement des principes originels – dans le Deutéronome, qui attribue une histoire commune au royaume du Nord et au royaume du Sud et qui légitime Jérusalem dans son rôle de sanctuaire unique et d'accueil de l'Arche.

Les grands travaux de Salomon : des doutes et un mystère

Outre le temple de Jérusalem, la Bible attribue de nombreux grands travaux à Salomon, à commencer par la construction de son propre palais, qui aurait réclamé treize ans de travail. Comme le Temple, cet édifice fait l'objet d'une description dans le livre des Rois, qui précise que le palais comporte de multiples salles aux proportions impressionnantes, dont la maison de la Forêt du Liban, ainsi nommée parce qu'elle était couverte d'un plafond composé de poutres de cèdre, reposant sur trois longues rangées de colonnes de cèdre, le tout se développant sur cent coudées de long et cinquante coudées de largeur, soit des proportions encore plus importantes que celles du Temple. Outre cette salle immense, le palais comporte plusieurs autres espaces majestueux, dont le vestibule du trône où le roi rendait la justice et qui était couvert de lambris de cèdre. Les mêmes remarques observées à propos du Temple peuvent être appliquées à ce palais grandiose, qui semble bien trop vaste et trop opulent pour la Jérusalem du Xe siècle. Le livre des Rois attribue aussi à Salomon la construction du mur de Jérusalem, c'est-à-dire de ses fortifications, mais nous avons vu que les seules fortifications existantes à cette époque étaient constituées par les ruines du mur jébuséen, qui remontait au XVIIIe siècle avant J.-C.

En dehors de Jérusalem enfin, la Bible attribue d'importants travaux à Salomon dans des villes de province : ainsi à Haçor, Megiddo, Gezer, Beth-Horôn-le-Bas, Baalat, Tamar, et bien d'autres villes qui ne sont pas nommément citées. Les travaux réalisés dans ces différentes cités ne sont pas précisément décrits, mais on considère généralement qu'il s'agissait – entre autres – de chantiers de fortifi-

Outre le temple de Jérusalem, la Bible attribue de nombreux grands travaux à Salomon.

cation. Ces fortifications, les archéologues ont longtemps tenté de les retrouver, particulièrement celles de Haçor (ou Ashdod), Megiddo et Gezer, dont les sites archéologiques sont depuis longtemps identifiés. Chacune de ces cités antiques prend la forme d'une colline artificielle, composée de multiples strates de villes empilées les unes sur les autres au fil du temps, durant des millénaires. Or, sur le site d'Ashdod, dans une strate longtemps attribuée au Xe siècle a été découverte une puissante porte fortifiée à « triples tenailles », qui fut alors attribuée à Salomon. Des portes du même type ayant été retrouvées à Megiddo et à Gezer, elles furent attribuées à Salomon également, de même que différents bâtiments de Megiddo : silos, écuries, temples et résidences élitaires. On a pensé y voir la confirmation du récit biblique. Mais le développement des méthodes de datation archéologique est venu tout remettre en cause : des analyses au carbone 14 ont montré que ces ouvrages impressionnants ne procèdent pas forcément du Xe siècle, et que les portes à triples tenailles ne sont pas contemporaines les unes des autres. Il n'est donc plus possible d'attribuer ces grands travaux à l'époque de Salomon.

Encore une fois, cela ne signifie pas qu'aucune construction n'ait vu le jour dans la Judée du Xe siècle, mais simplement les structures élevées devaient s'avérer beaucoup plus modestes. À ce titre, il faut appréhender avec prudence les théories des archéologues « confirmationnistes », qui tentent par tous les moyens de faire concorder leurs découvertes archéologiques avec le récit biblique. Ainsi l'archéologue Eilat Mazar, découvrant à Jérusalem une importante structure à vocation élitaire, a-t-elle tenté de dater sa découverte du Xe siècle, pour mieux l'assimiler au palais du roi David, alors que la majorité des autres chercheurs estiment qu'il s'agit en réalité d'une forteresse jébuséenne, antérieure de plusieurs siècles à l'époque de David et Salomon.

Les mines du roi Salomon : mythe ou réalité ?

Les fabuleuses mines d'or du roi Salomon sont devenues aujourd'hui un lieu commun de l'imagerie biblique, et pourtant… à aucun moment la Bible n'attribue au successeur de David la possession de mines de métal précieux. Ce n'est qu'en 1885 que l'expression voit le jour, avec la publication du roman à succès *Les Mines du roi Salomon*, de Henry Rider Haggard, qui situe ces fabuleuses

Salomon aurait notamment réalisé d'importantes constructions dans les villes de province, comme Gezer.

mines... dans le Sud de l'Afrique ! Bien sûr, le mythe de ces mines fameuses ne repose pas sur rien : à plusieurs reprises, dans le livre des Rois, le récit décrit les fabuleuses richesses qui semblent orner les grands édifices de Jérusalem, temple et palais en tête ; murs couverts de plaques d'or ; boucliers d'or fin ; immenses colonnes de bronze... Le récit affirme aussi qu'il arriva à Salomon d'amasser en une seule année la somme phénoménale de 666 talents d'or, c'est-à-dire près de vingt tonnes ! Seules des mines florissantes auraient pu permettre d'amasser de telles quantités de métal précieux.

Une fois encore cependant, la réalité fut sans doute bien plus prosaïque. Il faut d'abord noter qu'aucune mine importante de métal précieux n'est identifiée en Judée au temps de Salomon ou même durant les siècles suivants. Si mines il y avait, il faudrait donc les chercher plus loin... Depuis longtemps, les recherches des historiens se sont portées sur le désert du Néguev, et plus particulièrement sur la vallée de l'Arabah, qui débouche sur la mer Rouge. Là, autour du site de Timna et sur une zone de près de cinquante kilomètres carrés, ont été identifiées des milliers de mines de cuivre et des centaines de fonderies, exploitées depuis le IVe millénaire avant J.-C. Or le cuivre est alors un métal très précieux, essentiel à la fabrication des armes, et dont le commerce s'avère extrêmement lucratif. Pourrait-il s'agir des mines du roi Salomon ? Beaucoup d'historiens l'ont d'abord réfuté, attribuant la plupart de ces mines à l'activité des Égyptiens. Très récemment toutefois, le site de la colline aux Esclaves a bénéficié de nouvelles études et fouilles archéologiques. Or, les datations au carbone 14 pratiquées par les archéologues montrent que ces mines ont connu l'apogée de leur production à partir du Xe siècle avant notre ère, donc au temps du roi Salomon. En outre, les vestiges montrent l'existence d'une production très importante, car alors que les mines se composent d'innombrables boyaux suivant le parcours tortueux des filons de cuivre, le sommet du plateau, dédié aux fonderies, est encore recouvert de milliers de scories. Ces vestiges montrent que pour séparer le cuivre de la roche, l'ensemble était chauffé à très haute température. Des alliages avec de l'étain étaient alors réalisés pour obtenir du bronze, lequel était coulé sur place pour la fabrication d'armes et d'outils. Plus intéressant encore pour les archéologues, d'exceptionnels fragments de tissus ont été découverts, qui permettent de savoir que la population des fondeurs jouissait d'un niveau de vie élevé, car les étoffes sont dotées de teintures très recherchées à l'époque, un produit de luxe témoignant d'un commerce d'importation. Le régime alimentaire très varié qui a pu être observé confirme lui aussi l'aisance de cette population de fondeurs à Timna.

Mais ces fondeurs de cuivre du Xe siècle étaient-ils ceux du roi Salomon ? Ce sont une fois encore les vestiges de tissus qui apportent la réponse, car les archéologues ont pu reconstituer des tissus avec une alternance de bandes rouges et bleues. Or ces motifs sont connus par ailleurs, car ils sont représentés sur des hiéroglyphes égyptiens, qui montrent que ce type d'habillement est typique du peuple des Édomites ; un peuple d'origine nomade, en passe de sédentarisation, qui peuple alors la région située de part et d'autre de la vallée de l'Arabah.

Ces découvertes archéologiques laissent donc à penser que les mines du roi Salomon ont réellement existé… à ceci près qu'elles n'appartenaient pas à Salomon ! Toutefois, le

Les recherches des historiens se sont portées sur le désert du Néguev, où ont été identifiées des milliers de mines de cuivre.

Une fresque retrouvée dans une synagogue en Syrie montre David portant une toge violette, ce qui confirme les découvertes des archéologues : d'exceptionnels fragments de tissus dotés de teintures très recherchées à l'époque ont été retrouvés.

peuple édomite aurait pu commercer avec le royaume de Juda. En effet, la nourriture retrouvée sur la colline aux Esclaves laisse penser que les Édomites importaient leur nourriture de fort loin, peut-être depuis la Palestine. Selon cette interprétation, Salomon aurait pu récupérer d'importantes quantités de cuivre grâce à ses échanges avec les Édomites – une population dont la Bible fait un peuple soumis à Juda depuis le roi David. Mais une fois encore, il est plus vraisemblable que le récit biblique, en évoquant la richesse de Jérusalem en métaux précieux, ne fasse que décrire une réalité bien plus tardive, celle de l'essor progressif du royaume de Juda à partir du VIIIe siècle. À cette période d'ailleurs, il est avéré que Juda impose momentanément sa domination sur les Édomites, profitant alors probablement des grandes richesses issues de leurs mines de cuivre.

Salomon et la reine de Saba, une opération commerciale ?

D'après le récit biblique, la reine de Saba se serait rendue à Jérusalem en raison de la renommée de Salomon : elle souhaitait vérifier sa grande richesse, mais aussi tester sa sagesse et son intelligence en le soumettant à des énigmes. Cependant, la reine arrive à la tête d'une suite composée de chameaux portant d'immenses richesses, ce qui laisse d'emblée penser que des échanges commerciaux sont la véritable motivation de ce déplacement. Le reste du récit semble d'ailleurs le confirmer puisque, impressionnée par la sagesse de Salomon, la reine lui aurait offert de grandes quantités d'or, de pierres précieuses et d'aromates, tandis que le roi de Juda lui offre à son tour « tout ce dont elle manifesta l'envie ». Sous couvert de cadeaux, il semble donc bien que l'on assiste à de véritables échanges commerciaux.

Mais l'ensemble du récit comporte-t-il seulement une dimension historique ? À ce jour encore, l'historicité de la reine de Saba est contestée. Elle pourrait être en effet un amalgame de personnages historiques, voire être une simple légende. L'emplacement même de son royaume, qui n'est pas précisé dans le texte biblique, n'est pas certain. L'hypothèse la plus convaincante consiste à y voir le royaume des Sabéens, situé en Arabie du Sud, et correspondant grossièrement à l'actuel Yémen. L'explication se heurte toutefois à un problème, à savoir que le royaume des Sabéens n'est pas attesté avant le milieu du VIIIe siècle avant J.-C., soit deux siècles après l'époque de Salomon…

La rencontre de la reine de Saba et du roi Salomon est un des épisodes les plus célèbres de la Bible. Pourtant, l'historicité même de la reine de Saba est contestée.

Il faut d'ailleurs observer que le texte biblique relatant la visite de la reine résulte d'une rédaction tardive, comme le révèle l'utilisation du terme « énigmes » (*hid dot*), un mot d'emprunt araméen qui n'apparaît pas avant le VIe siècle avant J.-C. Or la meilleure façon de comprendre le récit de la reine de Saba est peut-être, une fois encore, de le

replacer à une époque postérieure, celle des VIIe et VIe siècles avant J.-C. Alors que l'empire assyrien domine tout le Moyen-Orient, Israël entretient de fortes relations commerciales avec la péninsule Arabique. Or tout le récit de la reine de Saba semble finalement se résumer à celui d'échanges marchands entre Israël et un lointain pays, sans doute situé en Arabie. Pour l'archéologue Israël Finkelstein, le récit pourrait être une façon de soutenir le commerce avec l'Assyrie tel qu'il est pratiqué en Judée au VIe siècle. En mobilisant la figure de Salomon, les auteurs auraient ainsi légitimé la participation de Juda à l'économie assyrienne.

Une autre théorie voudrait que la reine de Saba soit issue, non du royaume des Sabéens, mais d'Égypte et d'Éthiopie. Cette affirmation serait apparue sous la plume de l'historien Flavius Josèphe, au Ier siècle après J.-C. Y a-t-il eu confusion de la part de l'historien entre le royaume des Sabéens et l'Éthiopie, qui entretenaient des relations commerciales importantes de part et d'autre de la mer Rouge ? En tout cas, le royaume éthiopien d'Aksoum ne connaît une réelle prospérité qu'à partir du Ier siècle avant J.-C., soit bien après l'époque de Salomon, et même après la rédaction du livre des Rois… Pour pallier cette incohérence, certains chercheurs ont proposé de voir dans la reine de Saba une représentante du pays de Pount, largement antérieur au royaume d'Aksoum, et qui fournissait à l'Égypte de l'encens, des épices et de l'or, les mêmes produits que ceux mis en avant dans l'épisode de la reine de Saba. L'hypothèse semble moins convaincante que celle d'une tradition inventée pour légitimer le commerce avec l'Assyrie. Il est toutefois étonnant que le récit ait fait intervenir une reine, et non un roi, ce qui pourrait constituer l'indice d'un fond d'historicité derrière le récit…

Crush royal ou relations cordiales ?

Le récit biblique affirme qu'une fois sa visite terminée et les échanges de cadeaux achevés, la reine de Saba s'en serait simplement retournée chez elle. Toutefois, l'entrevue de deux grandes figures royales telles que Salomon et Saba ne pouvaient qu'alimenter les imaginations… et cela d'autant plus qu'immédiatement après le récit de la rencontre, le livre des Rois évoque les relations féminines de Salomon, qui aurait eu sept cents épouses et trois cents concubines ! En outre, le passage en question affirme que le roi se serait uni avec de nombreuses femmes étrangères… Dès lors, quoi de plus normal d'imaginer que cette rencontre au sommet avec la reine de Saba ait pu se doubler de relations charnelles ? Il est d'ailleurs tout à fait possible que cette rumeur d'un *crush* royal entre Salomon et Saba ait existé très tôt, voire que le texte biblique en ait un jour porté la trace. En effet, à l'encontre même des évidences du texte biblique, le talmud de Jérusalem insiste sur le fait que ce ne serait pas une reine,

La Bible s'attarde longuement sur la vie amoureuse du souverain, qui aurait eu sept cents épouses et trois cents concubines.

La reine aux jambes velues ?

Souvent dépeinte comme un véritable *sex-symbol* des temps bibliques, la reine de Saba apparaît sous un jour quelque peu différent dans la tradition du Coran. Citée dans la Sourate 27, la rencontre entre Salomon et la reine de Saba est en effet émaillée d'une curieuse remarque à propos du physique de la reine... Effrayés à l'idée que Salomon puisse être tenté d'épouser la nouvelle venue, les djinns de l'entourage du roi font courir une rumeur selon laquelle la reine de Saba aurait les jambes velues et des sabots à la place des pieds. Désireux d'établir la vérité sur l'affaire, Salomon conçoit une ruse : des miroirs disposés au sol, que la reine prend pour de l'eau. Pour ne pas se mouiller, elle soulève alors le bas de sa robe, laissant apparaître des jambes bien humaines... mais effectivement assez poilues ! Face à cette pilosité abondante, Salomon fait préparer un dépilatoire spécial qu'il offre à la reine...

mais un roi de Saba qui aurait rendu visite à Salomon, et cela pour discréditer toute tradition relatant une union avec la reine de Saba.

Cette vaine tentative se heurte à l'impact de la rencontre entre Salomon et Saba sur l'imaginaire populaire. Il faut dire que le récit avait tout pour plaire : exotisme, beauté, richesse, intrigues... et amour ! C'est pourquoi l'épisode de la reine de Saba inspira tant les artistes au fil des siècles, jusqu'au cinéma hollywoodien qui fit incarner les protagonistes royaux par Yul Brynner et Gina Lollobrigida. Mais surtout, cette idée d'une relation charnelle entre Salomon et Saba est à l'origine d'une légende fondatrice dans l'histoire de l'Éthiopie : celle du *Kebra Nagast,* un récit rédigé au XIVe siècle, dans une perspective de légitimation de la dynastie royale éthiopienne.

D'après ce texte, qui situe le royaume de Saba en Éthiopie, la reine et Salomon auraient eu un fils, Menelik, qui serait à l'origine de la dynastie régnante en Éthiopie. Le récit prétend qu'au cours de son séjour à Jérusalem, la reine Makeda de Saba, s'apprêtant à passer la nuit dans le palais de Salomon, aurait conclu un accord avec ce dernier : la reine jure qu'elle ne volera rien durant la nuit, en échange de quoi Salomon lui promet de ne pas la poursuivre de ses assiduités... Mais durant la nuit, Makeda se réveille en proie à une grande soif. Elle s'empare alors d'une carafe d'eau, lorsque Salomon apparaît et lui rappelle qu'elle a promis de ne rien prendre durant la nuit. À quoi la reine aurait répondu : « Ignore ton serment. Laisse-moi simplement boire de l'eau. » Ainsi l'union entre les deux fut-elle consommée... Retournée dans son pays, Makeda devait donner naissance au fils de Salomon, Menelik. Plus tard, celui-ci devait retourner à Jérusalem, arborant un anneau qui devait permettre à son père de le reconnaître. C'est d'ailleurs à l'issue de ce séjour que Menelik serait reparti en Éthiopie avec l'Arche d'alliance dans ses bagages... Mais surtout, Menelik est considéré en Éthiopie comme le fondateur de la lignée royale salomonide.

La Bible ne mentionne pas d'union charnelle entre Salomon et la reine de Saba... Comment cette histoire a-t-elle pu traverser les siècles ?

Salomon, mauvais roi devant Yahvé

Le récit biblique s'achève avec un épisode inattendu de la part d'un roi si sage que Salomon : il décrit sa punition par Yahvé à la suite de ses écarts de conduite, lesquels seraient liés à ses femmes. Le texte prête en effet un millier d'épouses et concubines à Salomon, mais ce n'est pas cette polygamie poussée à l'extrême qui est reprochée au roi, car elle est acceptée dans le monde biblique ; tous les rois d'Israël sont d'ailleurs dotés de nombreuses épouses. Et si le nombre de mille est évidemment fantaisiste, il est tout à fait vraisemblable que les premiers rois de Juda aient été effectivement polygames. D'ailleurs, le récit précise que Salomon a contracté de nombreux mariages avec des femmes étrangères, ce qui peut être considéré comme le reflet d'alliances politiques, qui sont elles aussi très vraisemblables historiquement. En revanche, il est impossible d'imaginer que le Salomon historique du Xe siècle, roitelet d'une province reculée, ait pu conclure des alliances aussi prestigieuses que celles relatées par la Bible, dont une avec la fille de Pharaon lui-même !

Ce que Yahvé et les rédacteurs de la Bible reprochent à Salomon n'est donc pas sa polygamie, mais bien d'avoir cédé à l'influence de ses épouses, au point d'embrasser leur religion, et d'avoir élevé des sanctuaires en l'honneur de dieux autres que Yahvé : « Quand Salomon fut vieux, ses femmes détournèrent son cœur vers d'autres dieux et son cœur ne fut plus tout entier à Yahvé son Dieu comme avait été celui de son père David. C'est alors que Salomon construisit un sanctuaire à Kemosh, l'abomination de Moab, sur la montagne à l'orient de Jérusalem, et à Milkom, l'abomination des fils d'Ammon ». C'est ce qui vaut à Salomon la colère de Yahvé, qui le punira en

L'appétit sexuel du roi Salomon va causer sa perte. Cédant à tous les caprices des femmes, il va être considéré comme un apostat.

scindant le grand royaume unifié en deux. Yahvé précise toutefois qu'il attendra la mort de Salomon pour procéder au partage, en mémoire de son père David qui, lui, s'était toujours montré fidèle à Yahvé.

À l'époque de la rédaction du récit biblique, c'est-à-dire au VIe siècle, Salomon se rend donc coupable d'un double écart de conduite : il prie d'autres dieux que Yahvé, reniant ainsi le principe de monothéisme de la religion juive ; et il leur élève des sanctuaires, reniant ainsi la centralisation du culte à Jérusalem. Mais dans la réalité du Xe siècle, ces deux attitudes n'avaient rien de condamnable : la religion judaïque conserve alors des aspects polythéistes, tandis que la construction de sanctuaires extérieurs à Jérusalem n'a rien d'inhabituel ; elle est d'ailleurs avérée par l'archéologie encore durant les siècles suivants. Il serait donc tout à fait vraisemblable que Salomon ait fait construire des sanctuaires en dehors de Jérusalem, quand bien même le récit de sa faute et de sa punition aurait été inventé de toutes pièces bien plus tard.

D'ailleurs, si le récit biblique prend la peine de condamner Salomon, c'est précisément pour répondre aux exigences idéologiques du moment de la rédaction, celles du VIe siècle avant notre ère. Alors que les Juifs reviennent à Jérusalem et reconstruisent le Temple détruit en 586, il leur apparaît fondamental de fonder l'identité du peuple judaïque sur les principes forts que sont le monothéisme exclusif et la centralisation du culte à Jérusalem. À travers le récit de la punition de Salomon, le but est donc d'affirmer ces principes, mais aussi de condamner les mariages avec des femmes étrangères, qui pourraient nuire à l'unité du peuple juif comme à l'intégrité de la foi. Dans une perspective étiologique enfin, le récit de la punition de Salomon est aussi un moyen habile de justifier la partition en deux du grand royaume originel – lequel n'est lui-même qu'un pur fantasme – et d'expliquer la réalité postérieure qui est celle de l'existence historique du royaume de Juda et de celui de Samarie.

En cela comme par bien d'autres aspects, Salomon tient donc une place essentielle dans la construction du récit biblique, et dans l'émergence même de la religion juive. Certes, sa figure légendaire du roi tout-puissant perd beaucoup de sa splendeur lorsqu'on tente de l'inscrire dans la réalité historique de la Judée du Xe siècle. Mais ce que Salomon perd de ce côté, il le regagne à travers son rôle dans la genèse même du texte biblique ; de sorte que quelle que soit la perspective qu'on choisit d'observer, c'est bien la grandeur de Salomon qui s'impose à nous.

Salomon reste à tout jamais le symbole du parfait monarque,
un modèle de probité universel.

LE MYSTÈRE DE *Fátima*

Avec plus de six millions de pèlerins chaque année, Fátima est aujourd'hui l'un des sanctuaires chrétiens les plus fréquentés au monde. Pourtant, il y a un peu plus d'un siècle, Fátima n'était qu'une paroisse sans importance au fin fond de la campagne portugaise, et le lieu où se dresse aujourd'hui fièrement l'église Notre-Dame du Rosaire, un simple pâturage pour les moutons…

Le 13 mai 1917, tout change brutalement pour la ville de Fátima : d'après les dires de trois jeunes enfants, la Vierge Marie serait apparue à Fátima, et leur aurait parlé. Mieux encore, Notre-Dame serait revenue à de multiples reprises par la suite, toujours à un mois d'intervalle, pour communiquer avec les trois petits voyants, et tout particulièrement avec Lúcia dos Santos.

Le 13 octobre enfin, un incroyable événement se serait produit : alors que la Vierge venait d'apparaître une dernière fois aux enfants, le Soleil aurait exécuté une mystérieuse « danse » sous les yeux de dizaines de milliers

Que s'est-il réellement passé à Fátima pour que les événements suscitent autant d'intérêt de la part des chrétiens comme des non-croyants ?

de personnes, qui interprètent cet événement comme un véritable miracle. Dès lors, sans même attendre que les apparitions soient reconnues par l'Église, l'ancienne pâture devient un lieu de pèlerinage de renommée mondiale. Mais si Fátima a déchaîné les passions, c'est aussi et surtout parce que lors d'une de ses apparitions, la Vierge Marie aurait fait une série de révélations, qui ne devaient être dévoilées au public qu'à l'issue de plusieurs décennies. Contenant des visions prophétiques de l'avenir, les secrets de Fátima ont suscité tour à tour la curiosité, la crainte, et la fascination...

Que s'est-il réellement passé à Fátima pour que les événements éveillent autant d'intérêt de la part des chrétiens comme des non-croyants ? Les apparitions mariales de Fátima sont-elles authentiques, ou ne seraient-elles que le résultat de l'imagination fertile de trois jeunes enfants ? Mais dans ce cas, comment expliquer l'existence de prophéties dont le contenu s'est vérifié par la suite ? Et comment justifier le phénomène de la « danse du Soleil », que même les témoins les plus réfractaires à la religion ont reconnu ? Enfin, pourquoi certains prétendent-ils aujourd'hui encore que le troisième secret révélé par le Vatican en l'an 2000 serait un faux, inventé seulement dans le but de dissimuler le contenu du véritable secret ?

Pour comprendre les événements de Fátima, il importe d'abord de les considérer dans leur temporalité, car entre les dires de la petite fille qu'est Lúcia dos Santos en 1917, et les écrits de sœur Lúcia dans les années 1940, bien des éléments semblent évoluer. Surtout, il faut inscrire ces apparitions et révélations dans un contexte historique bien concret, celui de la première moitié du XXe siècle, marqué par la succession de deux conflits mondiaux et de la guerre civile espagnole, qui semblent avoir

Lúcia de Jesus dos Santos, son cousin Francisco Marto et la sœur de ce dernier, Jacinta Marto. Les apparitions mariales de Fátima ne seraient-elles que le résultat des talents de conteuse de Lúcia ?

profondément imprégné la nature des révélations. Car d'emblée, les apparitions de Fátima sont marquées par le sceau de l'histoire en marche, qui s'inscrit jusque dans le contenu du fameux troisième secret…

Au printemps 1917, Lúcia est âgée de dix ans, contre neuf pour son cousin et sept seulement pour Jacinta.

De mystérieuses apparitions…

C'est au cœur de la campagne portugaise, dans les années 1910, que débute l'histoire de Notre-Dame de Fátima. La paroisse compte alors environ deux cents habitants, répartis en une quarantaine de hameaux sur une terre ingrate et infertile. Composée en quasi-totalité de paysans, la population de Fátima est pauvre et souvent analphabète, mais profondément pieuse. L'école n'étant pas obligatoire, nombre d'enfants ne sont pas scolarisés et sont mis à contribution par leurs familles pour participer aux travaux ; leur instruction se limite alors au catéchisme.

Les enfants des familles Marto et dos Santos, deux familles cousines du hameau d'Aljustrel, n'échappent pas à la règle. D'un caractère aimable, ces enfants ont été élevés dans la foi catholique, mais n'allaient pas à l'école : leur rôle était de surveiller les moutons des deux familles dans les pâturages. Bien qu'elle-même alphabétisée, Maria Rosa dos Santos n'a jamais appris à lire et à écrire à ses sept enfants, au grand dam de la petite dernière, Lúcia. Cependant, outre les leçons de catéchisme qu'elle leur dispensait, Maria Rosa lisait à ses enfants de nombreux contes ; et de tous les enfants dos Santos, c'est la petite Lúcia qui se montre la plus sensible à ces lectures. D'après sa mère, elle était capable de répéter tout ce qu'elle entendait « comme un perroquet ». Bien qu'analphabète, la petite fille avait en outre un réel talent pour la narration des contes, et était capable de composer des chansons originales, empreintes d'une forte religiosité, comme « Au Paradis, je vais être avec ma mère / J'aime Dieu dans le ciel et Notre-Dame du Carmel ». Les autres enfants – particulièrement ses cousins Francisco et Jacinta – apprécient Lúcia et ses talents de conteuse.

L'innocence et la piété de ces enfants bergers ne saurait dissimuler la réalité politique du Portugal au début du XXe siècle. Depuis la révolution de 1910, le pays n'est plus gouverné par une monarchie de tradition chrétienne, comme il le fut longtemps, mais par une république laïque, qui se trouve alors aux mains d'un parti radical ouvertement anticlérical. L'un des buts affichés du parti est alors d'éradiquer le catholicisme du pays en deux générations, grâce à la nouvelle idéologie républicaine introduite dans les écoles. Cet anticléricalisme ne traduit d'ailleurs pas l'opinion majoritaire dans le pays, dont l'essentiel de la population est encore profondément imprégnée de tradition catholique. Une tentative de coup d'État avait d'ailleurs déjà eu lieu pour restaurer la monarchie, de sorte que les tensions étaient très fortes à l'intérieur même du pays.

En 1917, le contexte européen de la première guerre mondiale ne fait qu'aggraver les tensions. L'année précédente, le Portugal était entré dans la guerre aux côtés des Alliés, et quelque cinquante mille soldats portugais étaient venus renforcer les lignes françaises. La nouvelle des premiers morts au front avait soulevé une grande émotion dans le pays. À la fin de l'année 1917 – après les apparitions de Fátima – devait d'ailleurs avoir lieu un nouveau coup d'État qui, s'il ne remet pas en cause le principe républicain, voit le triomphe de la droite monarchiste et catholique, opposée à l'intervention portugaise. Les apparitions de Fátima sont tributaires de ce contexte historique particulier, que la Vierge Marie semble elle-même évoquer dans ses paroles.

Les témoins d'un étrange événement

Au printemps 1917, Lúcia de Jesus dos Santos est âgée de dix ans, contre neuf pour son cousin Francisco Marto, et sept ans seulement pour la sœur de ce dernier, Jacinta Marto. À ces trois enfants qui s'apprécient, les deux familles confient la charge de garder les moutons dans une pâture appartenant à la famille dos Santos : la Cova da Iria. Un terrain isolé, sec et rocailleux, formant une vaste cuvette dont émergent seulement quelques arbres isolés. Et c'est alors que les trois enfants se trouvent seuls dans la campagne que le 13 mai 1917, vers midi, ils auraient été témoins d'un étrange événement : « une dame toute vêtue de blanc », baignant dans une étrange lumière, leur apparaît au sommet d'un petit chêne vert. S'adressant à Lúcia, elle aurait déclaré comme pour se présenter : « Je suis du Ciel », puis aurait encouragé les enfants à prier et à réciter le chapelet tous les jours, et les aurait invités à revenir dans un mois, à cette même heure, pour la retrouver.

Les apparitions ne sont pas bien acueillies dans l'entourage des enfants. La mère de Lúcia, notamment, pense que sa fille ment pour attirer l'attention.

Impressionnés par l'événement, les trois enfants racontent l'apparition à leurs parents, qui contactent eux-mêmes le curé de la paroisse. D'emblée, celui-ci se montre très réticent et très prudent vis-à-vis de ces informations qui n'émanent que de jeunes enfants. On pense à une supercherie, ou bien à une simple autosuggestion de la part d'enfants pieux et impressionnables, livrés à eux-mêmes dans la campagne. Malgré le scepticisme du curé, la rumeur se répand dans le village.

« Une dame toute vêtue de blanc », baignant dans une étrange lumière, apparaît aux trois bergers au sommet d'un petit chêne vert.

Un mois plus tard, le 13 juin, les trois enfants qui reviennent sur les lieux de la première apparition sont donc accompagnés par des témoins intrigués : quelques dizaines de personnes provenant des hameaux qui composent la paroisse de Fátima, curieux de voir l'apparition annoncée ou simplement de vérifier les dires des enfants. Devant le petit chêne vert, les enfants récitent ensemble le chapelet, lorsque l'apparition se serait présentée à nouveau. Les petits pastoureaux la décrivent comme une figure semblable à une statue de neige, que les rayons du Soleil rendraient transparente. À nouveau, l'apparition serait entrée en conversation avec Lúcia, aurait insisté sur l'importance de la prière au quotidien et de la récitation du chapelet, mais l'aurait incitée également à apprendre à lire et à écrire, afin de « mieux rapporter sa parole auprès des hommes ». Elle aurait aussi annoncé que Jacinta et Francisco la rejoindraient bientôt au Ciel, alors que Lúcia devait rester plus longtemps sur terre, avant de les inviter à revenir le mois prochain. Mais si les enfants disent avoir assisté à l'apparition de la « dame » au sommet du chêne, en revanche les adultes assistant à la scène ne la voient pas plus qu'ils ne l'entendent, ce qui suscite un certain doute. Cependant, de nombreux témoins disent avoir observé un incident curieux : au moment de l'apparition, les branches supérieures du chêne auraient ployé comme si elles portaient un poids, puis se seraient redressées à la fin de l'événement...

Malgré ce témoignage, la nouvelle apparition n'est pas mieux accueillie que la première dans l'entourage des enfants. La mère de Lúcia se montre même très véhémente : elle pense tout simplement que sa fille ment pour attirer l'attention, et qu'elle entraîne son cousin et sa cousine dans sa supercherie. Il est vrai que Lúcia est toujours la seule à pouvoir dialoguer avec l'apparition : Jacinta assiste au dialogue en simple spectatrice, tandis que Francisco ne fait que percevoir l'image de l'apparition, mais n'entend rien. Particulièrement incrédule à l'idée que l'apparition ait pu demander à Lúcia d'apprendre à lire et à écrire, sa mère l'aurait accablée de moqueries et de punitions, alors même qu'elle était sa fille préférée jusque-là. Désireux de suivre les conseils de l'apparition, Francisco entre à l'école, mais son professeur pense lui aussi que les apparitions sont un mensonge, et le fait payer au jeune garçon à coups d'humiliations. Du côté de l'Église, enfin, les dires des enfants ne rencontrent guère plus de soutien : le curé et sa hiérarchie voient d'un mauvais œil les apparitions de Fátima, qu'ils considèrent comme une imposture.

De premières apparitions en 1915 et 1916 ?

Au cours des premiers interrogatoires menés par les représentants de l'Église, on apprend que les apparitions de 1917 ne sont pas les premières auxquelles Lúcia dos Santos et ses cousins et cousine auraient assisté. En 1916, les trois enfants auraient déjà été témoins à trois reprises d'une apparition mystérieuse, celle d'un personnage lumineux qui se présente d'abord comme étant l'Ange de la Paix, puis l'Ange du Portugal, et enfin l'Ange de l'Eucharistie. En outre, Lúcia évoque également une toute première apparition qui aurait eu lieu au cours de l'année 1915. Accompagnée de deux amies, elle aurait vu « une figure semblable à une statue de neige, que les rayons du Soleil rendaient un peu transparente ». Cette première apparition, très mal reçue par l'entourage de Lúcia, expliquerait pourquoi cette dernière aurait longtemps passé sous silence les trois apparitions de 1916, de peur de subir moqueries et punitions comme la première fois.

Le curé et sa hiérarchie voient d'un mauvais œil les apparitions de Fátima, qu'ils considèrent comme une imposture.

Un miracle annoncé !

Malgré le scepticisme de certains, les rendez-vous mensuels fixés aux enfants attirent de plus en plus de gens mus par la piété ou la simple curiosité. Le 13 juillet 1917, lorsqu'ils arrivent devant le petit chêne de la Cova da Iria, Lúcia,

Francisco et Jacinta sont déjà attendus par près de deux mille personnes venues de toute la région. La « dame en blanc » leur serait alors de nouveau apparue, mais encore une fois, les enfants furent les seuls à la voir. Parmi les témoins, toutefois, certains auraient observé pour la première fois un « petit nuage blanc très léger » qui semble avoir suspendu son vol au-dessus du petit chêne le temps de l'apparition.

Comme à chaque apparition, la « dame » s'adresse à Lúcia, à qui elle aurait recommandé de continuer « à dire le chapelet tous les jours en l'honneur de Notre-Dame du Rosaire, pour obtenir la paix du monde et la fin de la guerre ». Profitant de la conversation Lúcia s'adresse alors à l'apparition : « Je voudrais vous demander de nous dire qui vous êtes, et de faire un miracle afin que tout le monde croie que votre grâce nous apparaît. » À quoi l'apparition aurait répondu : « Continuez à venir ici tous les mois. En octobre, je vous dirai qui je suis, ce que je veux, et je ferai un miracle que tous pourront voir pour croire. » D'après les dires plus tardifs de Lúcia, ce serait également ce jour que l'apparition aurait confié aux enfants trois grandes révélations, à charge pour eux de ne pas en révéler l'existence avant longtemps. Puis l'apparition se serait élevée pour partir. D'après certains témoins, on entendit à cet instant comme une sorte de coup de tonnerre étouffé, doublé d'une bourrasque.

Les enfants ayant retransmis à l'assistance ce que leur aurait confié l'apparition, la rumeur d'un miracle « prévu » pour le 13 octobre se diffuse rapidement. Déjà, la presse s'en fait l'écho, dans des articles souvent très critiques. C'est alors que l'affaire des apparitions de Fátima prend une tournure politique, car l'ampleur du mouvement inquiète les autorités républicaines. L'engouement autour des apparitions constitue en effet une aubaine pour les partisans

Au village d'Aljustrel, rien n'a changé. On peut encore visiter la maison natale de Lúcia dos Santos.

d'une tradition catholique forte, qui se confondent bien souvent avec les monarchistes. S'il venait à se produire, un miracle – ou un événement perçu comme tel – pourrait permettre aux adversaires des républicains de « surfer sur la vague » jusqu'à tenter un coup d'État... C'est pourquoi l'administration républicaine locale, farouchement anticléricale, tente de réagir. Voyant le 13 août arriver à grands pas, l'administrateur du canton de Ourém, Artur de Oliveira Santos, se décide à prendre les choses en main : il convoque les trois enfants et leurs parents à Ourém, qui se trouve à plusieurs heures de marche de Fátima. Lucie est la seule des enfants présente et l'administrateur tente de lui faire avouer qu'elle n'est qu'une affabulatrice, en vain. Au matin du 13 août, il se présente lui-même au domicile des trois enfants, qu'il se propose d'interroger aux côtés du curé. À l'issue de l'entrevue, il fait monter les enfants dans sa propre voiture à cheval, prétendument pour les déposer à la Cova da Iria où doit se produire la nouvelle apparition. En réalité, l'administrateur emmène les enfants à son propre domicile, à Ourém. Son but est non seulement de les empêcher d'assister à l'apparition, mais aussi de les soumettre à un interrogatoire, tour à tour individuel et collectif. Mais rien n'y fait : malgré quelques variations de détail, le récit des trois enfants reste cohérent. L'administrateur les retient alors chez lui, où sa femme les traite heureusement avec beaucoup de douceur. Lúcia prétendra plus tard qu'elle aurait été retenue « en prison » avec son cousin et sa cousine, ce qui est démenti par d'autres sources.

Ignorant que les enfants sont retenus à Ourém, une foule de cinq mille personnes les attend en vain dans la Cova da Iria, espérant une nouvelle apparition. Sur place cependant, certains témoins affirment avoir assisté à des

Le petit chêne des premières apparitions n'est plus : il a été dépouillé par des milliers de fidèles désireux de ramener avec eux de petites reliques.

phénomènes étonnants : éclair lumineux, petit nuage léger au sommet du petit chêne, coloration de l'atmosphère... Pour ces témoins, il ne fait donc pas de doute que l'apparition s'est bien présentée le 13 août, mais qu'elle est repartie en raison de l'absence des enfants. Finalement libérés par l'administrateur, ceux-ci reprennent leur activité pastorale habituelle. Et dès le 19 août, alors qu'ils surveillent leurs moutons dans la Cova da Iria déserte, l'apparition se serait présentée de nouveau à eux. La « dame » aurait fait ses recommandations habituelles et promis à nouveau un miracle pour le 13 octobre. Jacinta aurait alors cueilli un rameau du petit chêne où s'était posée l'apparition pour le ramener chez elle, où il aurait dégagé un parfum extraordinaire, inconnu dans la région, au point de contribuer à convaincre certains membres de la famille de la véracité des apparitions.

Le 13 septembre, ce sont près de dix mille personnes qui se réunissent à la Cova da Iria pour assister à la nouvelle apparition, qui n'est une nouvelle fois perçue que par les enfants. À nouveau, des témoins mentionnent le nuage au sommet du petit chêne. Lucie rapporte que l'apparition lui aurait demandé de poursuivre les prières pour la fin de la guerre, et affirmé que le mois prochain se produira un miracle et que Dieu bénira le monde.

Deux semaines plus tard, les enfants sont pour la première fois interrogés par un prêtre extérieur au clergé local, un chanoine de Lisbonne, Manuel Nunes Formigão, également professeur au séminaire et au lycée de Santarém. Très prudent vis-à-vis des apparitions supposées, il avait assisté discrètement à l'événement du 13 septembre, où il n'avait remarqué sur place qu'une légère diminution de la luminosité ambiante, ce qu'il attribuait à des facteurs purement météorologiques. C'est donc avec une grande réserve qu'il interroge les enfants, mais ceux-ci lui font une excellente impression : à l'issue de l'interrogatoire, il est convaincu de leur absolue sincérité. Pour autant, le chanoine Formigão n'en conclut pas immédiatement à la véracité des apparitions, car bien que sincères, les enfants pourraient être victimes d'autosuggestion. Il faudra attendre la date fatidique du 13 octobre pour en avoir le cœur net...

Supercherie ou réalité ?

Le 13 octobre 1917, ce sont des dizaines de milliers de personnes qui affluent dans la petite paroisse de Fátima. On se déplace par tous les moyens : à pied, à cheval, en voitures automobiles... Certains sont arrivés la veille et ont dormi sur place. D'après les estimations les plus hautes, soixante-dix mille personnes auraient envahi la Cova da Iria. Parmi elles, beaucoup de paysans, mais aussi des notables : ingénieurs, médecins, notaires, et même des représentants de la noblesse. Enfin, de nombreux journalistes sont dépêchés sur place, dont un photographe auteur de nombreux clichés. Il n'est pas jusqu'à Avelino de Almeida, un journaliste renommé de la presse anticléricale, qui n'ait pris la peine de faire le déplacement ! Les plus croyants espèrent assister à un miracle, d'autres viennent en simples curieux, certains enfin dans l'espoir de dévoiler ce qu'ils pensent être une vaste supercherie.

Seule la météo n'est pas de la partie : alors qu'on prévoyait un temps sec, un orage a éclaté dès le matin et une pluie continuelle a transformé la Cova da Iria en champ de boue. Dans la foule couverte de parapluies, certains récitent le chapelet et leurs prières, tandis que d'autres se contentent de patienter en discutant. Le petit chêne des premières apparitions n'est plus : il a été dépouillé par des milliers de fidèles désireux de ramener avec eux de petites reliques. Seule la base du tronc subsiste, mais le lieu des apparitions est désormais matérialisé par un petit portique de bois, décoré de fleurs. Un peu avant midi, les trois enfants se fraient un chemin à travers la foule. Au bout de quelques minutes d'attente, Lúcia annonce que « la dame arrive », et somme la foule de se découvrir. Alors que la pluie tombe plus faiblement, certains témoins affirment avoir vu arriver le petit nuage habituel, tandis que d'autres perçoivent comme un grondement souterrain. Nombreux sont ceux qui affirment que la luminosité et la température baissent.

Toujours visible uniquement par les enfants, l'apparition se serait enfin présentée à Lúcia comme étant Notre-Dame du Rosaire, c'est-à-dire la Vierge Marie. Elle lui aurait demandé

En 1967, comme le 13 octobre 1917, des dizaines de milliers de personnes vont affluer dans la petite paroisse de Fátima sous une pluie battante.

Le journal républicain *O Seculo*, dont un exemplaire est conservé dans les archives du sanctuaire, va donner un écho inattendu aux événements qui se déroulent à Fátima.

de faire bâtir une chapelle en son honneur, aurait appelé à la conversion des pécheurs, et annoncé la fin prochaine de la guerre, synonyme de retour au foyer pour les militaires portugais. Puis la Vierge Marie se serait élevée dans le ciel pour s'en aller. Les enfants décrivant leur vision à la foule, le regard de celle-ci se porte vers le ciel, où les nuages s'écartent pour laisser enfin place au soleil. C'est alors que se produit un phénomène hors du commun, que l'on peine à expliquer encore aujourd'hui. La grande majorité des personnes présentes affirment avoir vu le Soleil – qui luisait alors avec peu d'intensité – effectuer de très étonnantes transformations. Certains le voient se parer de multiples couleurs, mais d'autres plus nombreux encore le voient trembler, se déplacer, tourner dans le ciel avec des mouvements saccadés. L'espace d'un instant, aux dires de certains, l'astre semble même fondre en direction de la Terre, causant une intense frayeur aux spectateurs. Enfin, il aurait repris sa place dans le ciel. Durant ce phénomène inexpliqué, que l'assistance ne tarde pas à qualifier de « danse du Soleil », les trois enfants disent avoir pu contempler, à côté du Soleil, une apparition de Notre-Dame accompagnée de l'Enfant-Jésus et de Joseph, tandis que Lúcia seule est capable de voir deux autres visions ensuite : une apparition de Notre-Dame des Sept Douleurs, et une dernière vision de Notre-Dame du Mont-Carmel. Pour l'immense majorité des spectateurs qui ont assisté à cette « danse du Soleil », le miracle promis a eu lieu.

Avelino de Almeida, rédacteur en chef du quotidien républicain et anticlérical *O Seculo* de Lisbonne, semble lui-même quelque peu embarrassé par l'événement auquel il vient d'assister. Après un premier article paru dès le 15 octobre, il publie quinze jours plus tard un dossier complet accompagné de nombreuses photographies. Le journaliste confirme que le Soleil pouvait alors être regardé sans risque pour les yeux : « L'astre rappelle une plaque d'argent pâle et il est possible de le regarder en face sans la moindre gêne. Il ne brûle pas, il n'aveugle pas. On dirait une éclipse. » Pour ce qui est des mouvements décrits par le Soleil, il s'abstient de prendre lui-même position, mais sans démentir pour autant : « Aux yeux étonnés de ce peuple, dont l'attitude nous transporte aux temps bibliques et qui, rempli d'effroi, la tête découverte, regarde l'azur du ciel, le Soleil a tremblé, le Soleil a eu des mouvements brusques, jamais constatés, et en dehors de toutes les lois cosmiques – le Soleil « a dansé », selon l'expression typique des paysans... [...] Aussitôt, les gens se demandent les uns les autres s'ils ont vu quelque chose et ce qu'ils ont vu. Le plus grand nombre avoue qu'ils ont vu le tremblement, la danse du Soleil ».

Parce qu'ils sont signés d'un journaliste anticlérical, peu suspect de la moindre complaisance, les articles d'Avelino de Almeida ont un immense retentissement. Les sceptiques et les anticléricaux n'hésitent pas à couvrir d'opprobre le journaliste, pour avoir donné quelque crédit à ce qu'ils estiment n'être qu'une hallucination collective. La presse catholique, au contraire, se réjouit de l'objectivité du journaliste, tout en demeurant prudente au sujet du « miracle » supposé. Durant plusieurs semaines, de nombreux journaux publieront des témoignages des personnes présentes, donnant leur version de la fameuse « danse du Soleil ». Bien au-delà du Portugal enfin, l'événement du 13 octobre retentit dans la presse de toute l'Europe. Pour bon nombre de croyants, c'est certain, il ne peut s'agir que d'un miracle envoyé par Dieu lui-même, preuve de la véracité des apparitions mariales de Fátima.

Y a-t-il une explication rationnelle ?

Étonnamment, le phénomène de la « danse du Soleil » n'a pas immédiatement suscité l'intérêt des scientifiques : ce n'est qu'après la seconde guerre mondiale que des chercheurs se penchent sur la question. L'hypothèse d'un phénomène météorologique est celle qu'ils retiennent majoritairement, mais d'autres explications ont été envisagées, depuis l'hallucination collective jusqu'à la réaction physiologique.

Une chose est sûre, la danse du Soleil n'a rien d'un phénomène astronomique. Notre étoile n'a évidemment pas bougé, et aucune éclipse ne s'est produite, de l'avis unanime des astronomes. La piste d'un phénomène météorologique exceptionnel semble beaucoup plus prometteuse, car des dispositions atmosphériques rares auraient pu altérer l'image visible du Soleil. D'abord, il est certain que l'intensité lumineuse de l'astre a été fortement diminuée par une couche nuageuse, voire par des nuages de poussière de haute altitude, car tous les témoins de l'événement, y compris les moins convaincus, affirment qu'on pouvait regarder le Soleil sans gêne. En outre, certains scientifiques pensent que les spectateurs ont pu assister à un parhélie, c'est-à-dire un « Soleil double », un phénomène relativement fréquent et fondé sur la réfraction de la lumière solaire dans les cristaux de glace qui composent certains nuages de haute altitude. Ce phénomène donne l'illusion de la présence d'un second Soleil dans le ciel, souvent accompagné d'un spectre coloré, et parfois d'une sorte de vaste cercle lumineux ayant le Soleil pour centre. Cependant, un parhélie n'expliquerait pas les mouvements décrits par la plupart des spectateurs. Cette mobilité pourrait s'expliquer par des phénomènes météorologiques beaucoup plus rares : des turbulences dans différentes couches de l'atmosphère, qui auraient per-

Le 13 octobre 1917, ce sont des dizaines de milliers de personnes qui affluent dans la petite paroisse de Fátima et assistent à une mystérieuse « danse du Soleil ».

Autour de la danse du Soleil, des théories farfelues

D'autres thèses moins crédibles ont pu voir le jour pour expliquer la danse du Soleil. Certains, défendant la théorie d'une vaste supercherie organisée par l'Église, n'hésitent pas à imaginer qu'on aurait pu avoir recours, à quelque distance de la Cova da Iria, à de puissants projecteurs ou réfléchisseurs, qui auraient été dirigés vers les nuages pour que leur lumière y soit diffractée. Mais dans ce cas, on se demande ce qu'auraient fait les artisans du complot en cas de beau temps… D'autres pensent que la danse du Soleil fut une manifestation d'origine extraterrestre, le Soleil aperçu par les témoins n'étant rien d'autre qu'une soucoupe volante !

turbé la perception du Soleil, donnant ainsi non seulement l'illusion d'un mouvement, mais aussi des phénomènes de diffraction expliquant les changements de couleur. Certains pensent que la plupart de ces phénomènes pourraient s'expliquer par un nuage de poussière provenant du

Sahara. Dans ce cas, la « danse du Soleil » trouverait donc une explication rationnelle par un phénomène météorologique rarissime. On pourrait alors considérer comme un véritable miracle que ce phénomène se soit produit précisément au moment de l'apparition du 13 octobre, qui plus est alors que la date attendue avait été annoncée des mois à l'avance.

Pour certains chercheurs toutefois, s'il est sûr que le Soleil a été obscurci par une couche de nuage ou de poussière, le rôle de la météorologie s'arrêterait là. En effet, le phénomène de « danse du Soleil » pourrait s'expliquer tout simplement par des altérations de la perception rétinienne. Le principe de la persistance rétinienne des images est en effet bien connu de quiconque fixe le Soleil ou une lumière très forte durant quelques secondes : on voit ensuite une tache lumineuse se déplacer partout où l'on pose les yeux. Or, même altéré par une couche nuageuse, le Soleil brille suffisamment fort pour engendrer ce phénomène. Les défenseurs de cette explication notent d'ailleurs que des « miracles du Soleil » sont fréquemment observés lorsque les pèlerins sont invités à regarder le Soleil en face, comme ce fut le cas à Heroldsbach en 1949, où quelque dix mille témoins décrivent des événements assez semblables à la danse de Fátima. L'émotion des fidèles et l'émulation collective de la foule aurait fait le reste, sans qu'il soit besoin d'invoquer un phénomène météorologique rarissime.

Les apparitions, une imposture ?

Authentique miracle, phénomène météorologique rarissime, simple réaction physiologique doublée d'une autosuggestion collective… chacun se fera sa propre opinion à propos de la danse du Soleil. Mais si ce phénomène troublant ne suffit pas à convaincre les esprits les plus rationalistes, comment faut-il considérer les apparitions ? Pour les croyants les plus fervents, le mystère est tout résolu : la Vierge Marie est réellement apparue aux enfants, et les phénomènes observés par les témoins (nuage léger, ploiement des branches du chêne vert, grondement ou éclairs lumineux...) s'expliquent par la présence réelle de la Vierge. Mais même parmi la pieuse population de Fátima, nombreux sont ceux qui – durant longtemps – n'accordèrent guère de crédit aux affirmations des enfants. À commencer par les propres parents de Lúcia dos Santos, ou les représentants de l'Église. Ce scepticisme ambiant explique la naissance de plusieurs théories considérant les apparitions comme une supercherie, qu'elle soit d'ailleurs volontaire ou non.

Pour certains, les apparitions ne seraient qu'une vaste imposture organisée par le clergé local, qui aurait souhaité faire de Fátima une sorte de Lourdes portugais. Selon les diverses théories à ce sujet, les ecclésiastiques auraient pu soit influencer les enfants jusqu'à les pousser à l'autosuggestion, soit les convaincre de mentir, soit encore leur faire croire à de véritables apparitions par quelque tour de passe-passe qui n'aurait pas fonctionné sur un adulte... Cependant, l'explication semble peu cohérente avec l'attitude même du clergé vis-à-vis de ces miracles supposés : du curé jusqu'à l'évêque, tous semblent – au moins dans un premier temps – très défiants à l'égard de ces apparitions supposées. Même après le miracle de la danse du Soleil, le clergé montre bien peu d'enthousiasme vis-à-vis des événements de Fátima, laissant simplement l'enquête suivre son cours. Certains partisans de la théorie du complot pensent que cette attitude aurait été calculée précisément pour disculper ses auteurs de tout soupçon, mais l'idée semble malgré tout bien peu convaincante.

APPARITION DE LA SAINTE VIERGE

à deux petits bergers sur la montagne de la Salette.

PELLERIN & Cie, imp.-édit. IMAGERIE D'ÉPINAL. N° 1894

APPARITION

DE LA

SAINTE VIERGE

à deux petits bergers.

Le 19 septembre 1846, un petit berger, nommé Germain Gérard, âgé de onze ans, et une petite bergère, nommée Mélanie Mathieu, âgée de quatorze ans, gardaient leur troupeau sur la montagne de la Salette. La chaleur du jour était accablante, les deux bergers s'étaient endormis près d'un petit ruisseau. Mélanie se réveillant n'aperçut plus ses vaches, elle réveilla Germain, et aussitôt ils coururent la montagne pour aller à leur recherche. En les ramenant ils trouvèrent à la place qu'ils venaient de quitter, une belle dame assise au bord du petit ruisseau; elle avait la tête penchée et appuyée sur ses mains; *N'ayez pas peur*, dit-elle aux enfants *et venez à moi*. Elle se leva aussitôt, les enfants approchèrent, la voix douce de cette belle dame les tranquillisa. « Aimes-tu bien le bon Dieu? » Demanda-t-elle à Germain. Pas beaucoup. « Dis-tu tes prières? » Pas guère, répliqua-t-il naïvement, je n'ai pas le temps, aussitôt l'aurore naissante, je suis forcé de quitter la maison pour aller aux champs.

« Mes enfants, dit la belle dame, il faut prier le bon Dieu; si vous n'avez pas le temps dans la maison, dites une petite prière dans vos champs, invoquez le bon Dieu pour qu'il répande ses bénédictions sur vous et sur vos parents. Je suis venue vous annoncer une grande nouvelle que vous pourrez répandre, et de suite vos paroles auront de l'écho dans tout le monde, écoutez-moi: Dites que je vous si apparue Je suis Marie, la mère de Jésus; dites à mon peuple que s'il ne veut pas se convertir, je suis forcé de laisser tomber le bras de Jésus, mon Fils, sur lui, il est si lourd que je ne puis le soutenir plus longtemps. Jamais, mes enfants; on ne pourra reconnaître les peines que je prends pour tous les hommes. On oublie Jésus pour les plaisirs du monde, on ne sanctifie plus le saint jour du dimanche, on blasphème, on profane le nom de Dieu, le travail imposé à l'homme est devenu un fardeau, aussi les biens de la terre dépérissent. La récolte des pommes de terre était un avertissement du ciel pour vous engager à travailler davantage, et cette plante si nécessaire, va continuer de tomber en pourriture si on ne se hâte de travailler à cette culture, bienfait de Dieu. Le commerce qui lie les hommes entre eux, est venu un agiotage honteux, et le blé qui est la première nourriture de l'homme est devenu un trafic infâme. L'homme oublie qu'il a des frères à nourrir, et la soif de l'or ferme à son cœur l'amour et la charité.

« De grands malheurs arriveront dans le monde, si on oublie la religion qui conduit au bonheur, si on oublie Jésus, mon fils. Hâtez-vous donc de répandre mes paroles. Que le négociant soit probe, honnête et droit en son commerce. Que le juge rende la justice avec intégrité et au nom de Dieu. Que le guerrier ne combatte que pour soutenir la vérité et le bon droit. Que l'artisan travaille avec courage dans la vue d'élever honorablement sa famille. Que celui qui cultive la terre ne craigne pas sa sueur, qui, lorsqu'elle tombe dans les sillons, rapporte cent pour un, qu'il s'instruise dans le grand art de la culture. Que le pauvre souffre avec patience et résignation. Que le riche trouve du bonheur à lui faire du bien, et qu'il vienne lui apporter son superflu, enfin que tous les hommes s'aiment et s'entendent entre eux, car ils sont frères du même père, qui est Dieu. Que l'ambition que l'égoïsme qui les dévorent soient bannis de leurs cœurs. Que tous les hommes rendent à Dieu des actions de graces en sanctifiant le jour du dimanche pour tous les biens qu'ils reçoivent de lui; alors le temps de l'abondance viendra, *les pierres et les rochers seront changés en montagnes de blés, la pomme de terre viendra dans les champs où on ne l'aura pas cultivée.* »

Alors la sainte Vierge cessa de parler, et disparut aux yeux des enfants.

Les deux bergers ayant été interrogés sur la forme sous laquelle elle était apparue à leurs yeux, répondirent : « qu'elle leur faisait l'effet du soleil; elle portait sur la tête une couronne brillante, elle avait une robe blanche; au cou elle avait un ruban, auquel était attaché une grosse croix et au milieu Jésus mort; à chaque côté était un marteau et une tenaille renversés semblant ne tenir à rien. Ses souliers étaient blancs et une guirlande de roses en faisait le contour, et quand elle marchait, elle n'écrasait pas celles qui tombaient sous ses pas. » Ces faits ont été recueillis par M. le curé de Corps et par un grand nombre de personnes appartenant à toutes les classes de la société.

ORAISON.

Sainte Vierge, mère de Dieu, ma mère et ma patronne, je me mets sous votre protection, et je me jette avec confiance dans le sein de votre miséricorde. Soyez, ô mère de bonté, mon refuge dans mes besoins, ma consolation dans mes peines, et mon avocate auprès de votre adorable Fils. Vierge sainte, mère de mon Dieu, et après lui mon unique espérance, mon bon ange, mon saint patron, intercédez pour moi, protégez-moi pendant cette nuit, tout le temps de ma vie, et à l'heure de ma mort. Ainsi soit-il.

Pour certains, les apparitions ne seraient qu'une vaste imposture organisée par le clergé local.

Les apparitions pourraient-elles être le résultat d'une piété exacerbée et d'un tempérament impressionnable, de la part de ces enfants peu instruits et pétris de religiosité ?

Pour d'autres, tout s'expliquerait par la personnalité de Lúcia dos Santos, qui serait une affabulatrice, et aurait eu suffisamment d'emprise sur son cousin et sa cousine pour les convaincre d'entrer dans son jeu. En effet, la petite Lúcia était bien connue pour ses talents de conteuse, et rien dans les paroles supposément prononcées par la Vierge Marie lors de ses apparitions n'était hors de portée d'une petite fille baignant depuis toujours dans le catéchisme et capable d'inventer des chansons à thématique religieuse. En outre, la théorie s'accorde bien avec les capacités apparemment différentes des trois enfants : le fait que Jacinta ne puisse pas participer au dialogue établi par Lúcia, et que Francisco ne l'entende même pas, aurait pu constituer un moyen facile pour éviter les contradictions entre les trois témoins. On sait d'ailleurs que lors de certains interrogatoires, Jacinta répond parfois : « Je ne me souviens pas, Lúcia doit savoir. » Malgré tout, la théorie d'une affabulatrice assumée semble peu cohérente avec le tempérament même de Lúcia, comme avec la sincérité absolue qui semble émaner des enfants.

Alors, les apparitions pourraient-elles être le résultat d'une piété exacerbée et d'un tempérament impressionnable, de la part de ces enfants peu instruits et pétris de religiosité ? Dès lors, Lúcia pourrait penser sincèrement être la spectatrice d'apparitions mariales, lesquelles s'apparenteraient alors à de l'autosuggestion ou à des épisodes hallucinatoires. Les deux autres enfants, portés eux aussi par une foi intense, pourraient alors être sujets à l'autosuggestion également. À moins qu'ils n'osent tout simplement pas avouer qu'en réalité ils ne perçoivent pas l'apparition, et qu'ils s'en remettent à la description que leur fait Lúcia. Quoi qu'il en soit, cette explication concorderait elle aussi avec le contenu des paroles prononcées par la Vierge, qui sont tout à fait à la portée d'une petite fille de dix ans ayant l'habitude des prières et du catéchisme. Mais entre l'hallucination et une véritable apparition, la frontière est mince ; elle se réduit finalement au point de vue de l'observateur, selon qu'on choisisse de considérer l'événement en termes médicaux ou religieux.

Il importe d'ailleurs de considérer l'un des principaux arguments des défenseurs de l'authenticité, à savoir la présence, dans le contenu de certaines apparitions, de plusieurs prophéties. Celle de l'annonce de la fin de la guerre, lors de l'apparition du 13 octobre, est la mieux établie. Cependant, en cette fin d'année 1917, et alors que les États-Unis s'engagent désormais pleinement dans le conflit du côté des Alliés, chacun voyait l'issue de la guerre approcher – elle sera toutefois retardée par le retrait des Russes, qui permit à l'Allemagne de se concentrer sur le front ouest. En outre, la prophétie ne s'engage ni sur une quelconque date, même imprécise, ni sur l'identité des vainqueurs... Plus troublante est la prophétie sur la mort prochaine de Francisco et Jacinta, que la Vierge est censée avoir prononcée le 13 juin 1917, alors que les deux jeunes enfants étaient en bonne santé. Ils décéderont effectivement peu après, Francisco le 4 avril 1919, des suites de la grippe espagnole, et sa sœur le 20 février suivant, d'une pleurésie, à l'âge de dix et neuf ans respectivement. Le corps de Jacinta sera d'ailleurs exhumé en 1935 avant son transfert au cimetière de Fátima, et son visage, malgré les souffrances que la petite file a endurées à la fin de sa jeune vie, découvert intact. Si la prophétie a réellement été prononcée dès 1917, elle tendrait à accréditer la véracité des apparitions. Mais Lúcia n'a jamais évoqué cette prophétie de la Vierge avant de la mentionner dans ses mémoires, dont la rédaction n'a été entreprise qu'à partir des années 1930... Sa mémoire lui aurait-elle joué des tours, ou sa foi l'aurait-elle poussée à céder inconsciemment à l'exagération ? C'est une possibilité non négligeable. Bref, même sans remettre en cause la sincérité de Lúcia, il est possible que sa piété exacerbée l'ait poussée à enrichir quelque peu ses souvenirs, de sorte que les prophéties révélées *a posteriori* ne peuvent guère être tenues comme crédibles.

La longue enquête de l'Église

Les partisans de l'authenticité des miracles de Fátima peuvent s'appuyer sur un dernier argument, à savoir la reconnaissance des apparitions de Fátima par l'Église. En effet, tout le monde s'accorde sur la grande prudence de l'Église vis-à-vis des reconnaissances de miracles ou d'apparitions, qui ne sont authentifiées que très rarement, après des enquêtes longues et approfondies, uniquement lorsque la science reste impuissante à expliquer un événement.

Les partisans de l'authenticité des miracles de Fátima peuvent s'appuyer sur la reconnaissance de ces apparitions par l'Église.

Après la disparition de Francisco et Jacinta à dix et douze ans des suites de la grippe espagnole, morts prématurées annoncée par la Vierge, l'Église a veillé avec un soin tout particulier sur Lúcia dos Santos.

Or, dans l'affaire de Fátima, l'Église a suivi sa procédure habituelle et ne peut guère être taxée d'avoir fait preuve d'un quelconque empressement à s'emparer de l'affaire, et encore moins à authentifier les événements. Le curé et les autorités ecclésiastiques se montrent même très sceptiques dans un premier temps. En septembre et en octobre 1917, les premiers interrogatoires menés par le chanoine Manuel Nunes Formigão, puis par l'abbé Ferreira de Lacerda reconnaissent seulement l'apparente sincérité des enfants. Mais il faut attendre la fin de l'année 1918 pour que soit ouverte officiellement une première enquête canonique à Fátima ; et ce n'est que douze ans plus tard que les apparitions seront reconnues officiellement comme dignes de foi.

Une telle circonspection est à mettre au crédit de l'Église, qui souhaite à tout prix éviter de reconnaître de faux miracles ou de fausses apparitions. Mais l'enquête autour des événements de Fátima a-t-elle été complètement objective ? On peut se le demander, car à mesure qu'elle progressait, la ferveur populaire à Fátima ne faisait qu'augmenter. Bien vite, la Cova da Iria devient un lieu de pèlerinage majeur, drainant d'incroyables quantités de croyants issus de l'Europe entière : dix mille pèlerins se réunissent le 13 mars 1922, et ils sont six fois plus nombreux le 13 mai suivant. Bientôt, le pèlerinage est encouragé par l'Église elle-même, et le 13 octobre 1926, les pèlerins sont près d'un demi-million à affluer à Fátima ! En outre, la nouvelle renommée de Fátima n'est sans doute pas pour rien dans le rétablissement – dès 1918 – du diocèse de Leiria, qui avait été supprimé en 1881. Et alors qu'une première chapelle avait été construite dès 1919 à l'initiative des seuls paroissiens, l'Église organise à Fátima la construction d'une nouvelle grande basilique, Notre-Dame du Rosaire. En 1929 enfin, le pape Pie XI distribue des images de Notre-Dame de Fátima aux membres du collège pontifical portugais de Rome. Dès lors, était-il encore possible aux enquêteurs de désavouer les apparitions ? On peut en douter. Le 13 octobre 1930, l'évêque de Leiria reconnaît donc officiellement les apparitions de Fátima comme « dignes de foi » et approuve le culte de Notre-Dame de Fátima. En revanche, il reste prudent sur l'épisode de la danse du Soleil, qui n'est pas assimilé à un miracle : l'Église se contente de reconnaître son existence et son caractère « non naturel ».

Durant les treize années écoulées jusqu'à la reconnaissance officielle des apparitions, l'Église a veillé avec un soin tout particulier sur Lúcia dos Santos, particulièrement après le décès de son cousin et sa cousine. Dès 1921, désormais âgée de quatorze ans, la jeune fille est mise au secret et placée dans différents établissements religieux. Cinq ans plus tard, elle entre au noviciat de l'Institut des sœurs de Sainte-Dorothée à Tuy, en Espagne, au contact de la frontière avec le Portugal. C'est dans cet établissement qu'elle prononce ses vœux en 1928, puis ses vœux perpétuels en octobre 1934, à vingt-sept ans.

Dans l'intervalle, Lúcia aurait été sujette à de nouvelles apparitions. La première aurait eu lieu dans la chambre qu'elle occupait au couvent de Pontevedra en Espagne, le 10 décembre 1925. C'est alors Notre-Dame qui lui serait apparue encore une fois, pour enjoindre les hommes à se confesser et à prier « pendant cinq mois à partir du premier samedi ». Le contenu de cette vision, dite « des cinq premiers samedis », semble d'ailleurs fortement inspiré d'un document produit par le pape Pie X en 1912... La deuxième apparition se serait produite dans le jardin du même couvent le 15 février 1926, et Lúcia aurait alors assisté à l'apparition de l'Enfant-Jésus. Les suivantes auraient eu lieu quelques années plus tard, tandis que sœur Lúcia se trouvait au couvent de Tuy, le 13 juin 1929 et le 29 mai 1930. C'est alors la Sainte Trinité, accompagnée de la Vierge Marie, qui lui serait apparue. D'après les dires de Lúcia, Notre-Dame lui aurait alors déclaré : « Le moment est venu où Dieu demande au Saint-Père de faire, en union avec tous les évêques du monde, la consécration de la Russie à mon Cœur Immaculé, en promettant de la sauver par ce moyen. » Curieuse irruption d'une dimension politique très concrète au cœur des apparitions, qui n'allait pas être la dernière...

Les secrets de Fátima

Dès 1917, au cours de certains interrogatoires, Lúcia annonce que lors d'une de ses apparitions, la Vierge Marie lui aurait confié une révélation, à charge pour elle de la garder secrète durant un certain temps. Bien que Lúcia évoque ensuite ce secret dans plusieurs discussions ou lettres, son existence passe quelque peu inaperçue au regard du reste des événements de Fátima. Au fil du temps d'ailleurs, Lúcia modifie quelque peu son discours à propos de la nature du secret : en 1917, elle affirme que le secret est unitaire, qu'il ne contient que des « petites paroles », et qu'il a été révélé en juin. Mais dix ans plus tard Lúcia évoque déjà l'existence de deux secrets, qui lui auraient été révélés lors de l'apparition du mois de juillet, et dont la portée serait plus importante que les « petites paroles » évoquées initialement. En revanche, jamais Lúcia n'a divulgué le contenu des secrets au cours de cette période, à qui que ce soit.

Placée dans plusieurs établissements religieux en Espagne, Lúcia continue d'être sujette à de nombreuses apparitions.

À partir des années 1930, Lúcia dos Santos rédige ses mémoires, sous la supervision de sa hiérarchie ecclésiastique et particulièrement du chanoine Galamba de Oliveira, bras droit de l'évêque de Leiria. Ces mémoires sont publiés en plusieurs étapes à partir de 1935. Dès lors, l'existence des secrets de Fátima est placée sur le devant de la scène, mais Lúcia reste toujours muette sur leur contenu. Au début des années 1940 toutefois, la santé fragile de la voyante pousse l'évêque de Leiria à lui demander de mettre ces secrets par écrit, de peur qu'elle ne décède avant d'avoir pu livrer sa révélation. C'est par une lettre du 31 août 1941, adressée à l'évêque de Leiria, que Lúcia couche pour la première fois son secret sur le papier. Toutefois, elle n'en dévoile que les deux premières parties.

La première partie de la révélation est une vision de l'enfer : « Notre-Dame nous montra une grande mer de feu, qui paraissait se trouver sous la terre et, plongés dans ce feu, les démons et les âmes, comme s'ils étaient des braises transparentes, noires ou bronzées, avec une forme humaine. Ils flottaient dans cet incendie, soulevés par les flammes, qui sortaient d'eux-mêmes, avec des nuages de fumée. Ils retombaient de tous côtés, comme les étincelles retombent dans les grands incendies, sans poids ni équilibre, avec des cris et des gémissements de douleur et de désespoir qui horrifiaient et faisaient trembler de frayeur. Les démons se distinguaient par leurs formes horribles et dégoûtantes d'animaux épouvantables et inconnus, mais transparents et noirs. [...] Puis nous avons levé les yeux vers Notre-Dame qui nous a dit si gentiment et si tristement : vous avez vu l'enfer où vont les âmes des pauvres pécheurs, pour les sauver, Dieu veut établir dans le monde la dévotion à mon Cœur Immaculé. Si l'on fait ce que je vais vous dire, beaucoup d'âmes seront sauvées et il y aura la paix. »

Marie aurait révélé, sous le sceau du secret : « Si l'on fait ce que je vais vous dire, beaucoup d'âmes seront sauvées et il y aura la paix. »

La deuxième partie de la révélation est plus étonnante, car elle est empreinte d'une forte connotation politique. La Vierge Marie aurait ainsi déclaré à Lúcia : « La guerre va finir. Mais si l'on ne cesse d'offenser Dieu, sous le pontificat de Pie XI en commencera une autre pire encore. Lorsque vous verrez une nuit illuminée par une lumière inconnue, sachez que c'est le grand signe que Dieu vous donne, qu'Il va punir le monde de ses crimes par le moyen de la guerre, de la faim et des persécutions contre l'Église et le Saint-Père. Pour empêcher cette guerre, je viendrai demander la consécration de la Russie à mon Cœur Immaculé et la communion réparatrice des premiers samedis. Si on accepte mes demandes, la

Russie se convertira et on aura la paix ; sinon elle répandra ses erreurs à travers le monde, provoquant des guerres et des persécutions contre l'Église. Les bons seront martyrisés, le Saint-Père aura beaucoup à souffrir, diverses nations seront détruites. À la fin, mon Cœur Immaculé triomphera. Le Saint-Père me consacrera la Russie, qui se convertira, et il sera concédé au monde un certain temps de paix. »

Dans le cas où elle aurait bien été formulée dès 1917, cette partie de la révélation se serait vérifiée, car l'autre guerre « pire encore » est évidemment la seconde guerre mondiale, qui a effectivement débuté sous le pontificat de Pie XI, si l'on admet que c'est l'annexion de l'Autriche en 1938 qui constitue le déclencheur du conflit. En outre, il est avéré également qu'une immense – et très rare – aurore boréale s'est déployée dans le ciel de l'Europe le 25 janvier 1938, ce qui semble correspondre à la « nuit illuminée par une lumière inconnue » mentionnée dans la révélation. Mais au-delà de cette annonce de la guerre, l'aspect le plus étonnant de cette partie de la révélation tient à l'intervention de la Russie, dont la Vierge Marie réclame

Lors de sa dernière apparition le 13 octobre 1917, la Vierge Marie aurait demandé qu'on édifie une chapelle en son honneur sur le lieu de ses apparitions.

déjà – comme lors de son apparition à Tuy – la conversion au catholicisme et la consécration.

Enfin, toujours dans sa lettre de 1941 à l'évêque de Leiria, Lúcia évoque l'existence d'une troisième partie du secret, qu'elle ne souhaite pas encore révéler.

Une chapelle construite par les paroissiens

Lors de sa dernière apparition le 13 octobre 1917, la Vierge Marie aurait demandé qu'on édifie une chapelle en son honneur sur le lieu de ses apparitions. L'Église se montrant encore sceptique vis-à-vis des apparitions de Fátima, l'initiative de la construction revient aux paroissiens eux-mêmes, qui procèdent à une collecte pour réunir les fonds suffisants. Réalisés par un maçon de la région, les travaux sont menés à bien entre avril et juin de l'année 1919. Couverte d'une petite toiture de tuiles, la minuscule chapelle ne dépasse pas trois mètres de côté, mais dès l'année suivante, l'évêque de Leiria autorise la célébration de messes dans le petit édifice. Le 6 mars 1922, alors que les apparitions de Fátima déchaînent l'hostilité des anticléricaux, la chapelle subit un attentat à la dynamite, dont les auteurs ne sont pas identifiés. L'acte ne fait heureusement aucune victime, et la chapelle est reconstruite dans la foulée. Le 13 mai 1923, malgré l'interdiction des autorités civiles et la présence des forces armées, près de cent mille personnes se réunissent sur le lieu des apparitions et franchissent les barrages pour installer dans la petite chapelle une statue de la Vierge Marie, offerte par un riche marchand de la région. Le 13 octobre 1942, la statue est coiffée d'une riche couronne en or sertie de pierres précieuses, réalisée gratuitement par douze artisans joailliers de Lisbonne. Aujourd'hui, alors que Fátima attire chaque année des millions de fidèles, la petite chapelle des Apparitions existe toujours, mais elle se trouve sous un vaste porche destiné à abriter les pèlerins.

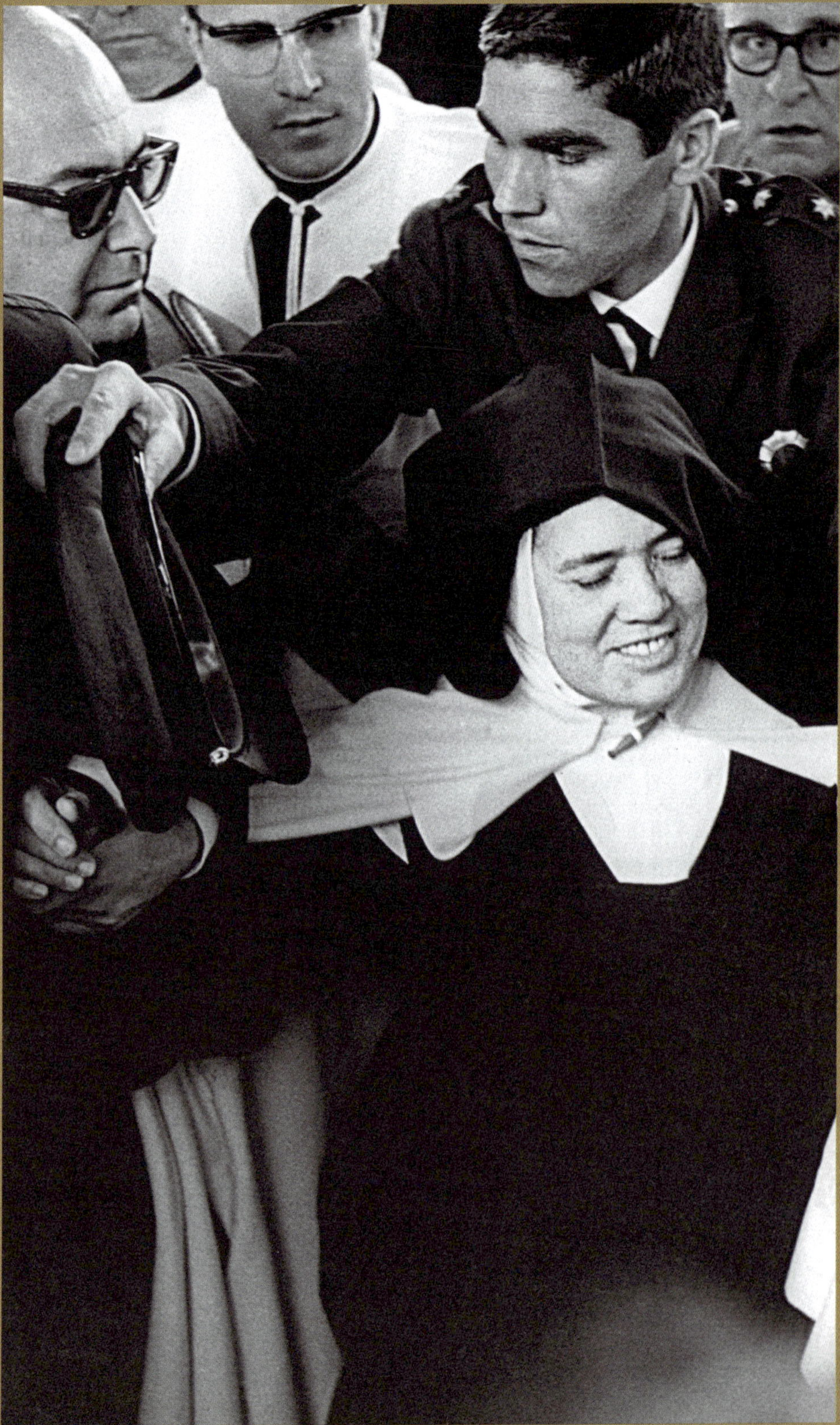

À partir de 1925 environ, Lúcia dos Santos se trouve davantage sous l'emprise de la hiérarchie ecclésiastique.

Scepticisme autour des secrets : un arrière-plan politique

Transmises à l'évêque de Leiria et bientôt publiées dans les mémoires de Lúcia, les révélations tardives effectuées par la voyante à propos des « secrets » de Fátima ont immédiatement soulevé un certain scepticisme. Les rationalistes trouvent bien sûr ces révélations suspectes, puisqu'elles n'ont été formulées par Lúcia qu'à partir de 1941, donc bien après le début de la seconde guerre mondiale. Sans nécessairement remettre en cause la sincérité de la voyante, il importe donc d'interroger la crédibilité de cette prophétie, car il est toujours facile de « prédire » des événements qui se sont déjà produits... En outre, la disparition de Jacinta et de Francisco rend évidemment impossible toute vérification auprès des autres témoins supposés de la révélation.

Cette suspicion autour des révélations tardives de Lúcia a poussé certains spécialistes de la question à ne retenir comme crédibles que les informations connues dès 1917, avant le décès de Jacinta et Francisco, puisque toutes les informations postérieures n'ont pu être confirmées par d'autres témoins que Lúcia. D'autres auteurs établissent une nette distinction entre les informations connues en 1917 et formulées jusqu'en 1922 (qu'ils nomment « Fátima I ») et les révélations postérieures à cette date (« Fátima II »), dont la teneur semble radicalement différente.

Or, à partir de 1925 environ, Lúcia dos Santos se trouve davantage sous l'emprise de la hiérarchie ecclésiastique, dont elle dépend désormais. Sans forcément remettre en cause sa sincérité, aurait-elle cédé inconsciemment à l'influence de l'Église, et introduit dans son discours certains éléments à teneur politique issus de la réalité contemporaine ? C'est une possibilité importante, si l'on en juge par la brusque irruption de la question russe dans les révélations effectuées à partir de 1930.

D'ailleurs, il existe une incohérence dans les déclarations de Lúcia à propos de la première demande supposée de la Vierge Marie pour la consécration de la Russie. Dans un premier temps, Lúcia affirme que cette demande s'est faite au cours de l'apparition de 1930. Mais dans ses écrits postérieurs, la demande est finalement attribuée à l'apparition de 1929. Or, c'est en 1930 que la papauté engage un mouvement important pour la conversion de la Russie. Depuis la révolution russe de 1917 en effet, l'Église romaine se montrait inquiète de l'attitude des communistes russes vis-à-vis de la religion. Le climat s'aggrave en 1929 lorsque Moscou publie un décret pour la répression des associations religieuses, et qu'un jésuite autorisé exceptionnellement à visiter la Russie doit finalement quitter le pays en hâte, de crainte d'être arrêté. Ces attaques envers la religion sur le sol russe poussent le pape Pie XI à engager un appel à la conversion de la Russie, ce qu'il fait dès le 2 février 1930. Or, en tant que religieuse, Lúcia a reçu les instructions du Saint-Père, qui invite chacun à prier pour la conversion russe. C'est donc dans ce climat particulier qu'a lieu la vision de mai 1930, celle où la Vierge Marie aurait appelé à la consécration de la Russie. Pour les esprits cartésiens qui ne croient pas à l'origine céleste des révélations, Lúcia aurait donc été – inconsciemment ou non – influencée par cet appel du pape en faveur de la conversion russe. Dans cette perspective, ce serait précisément pour que l'appel à la consécration de la Russie ne paraisse pas déterminé par l'appel du pape que les supérieurs de Lúcia auraient souhaité antidater la vision en la rapportant à l'année 1929.

Pour les esprits cartésiens qui ne croient pas à l'origine céleste des révélations, Lúcia aurait été influencée par l'appel du pape en faveur de la conversion russe. Mais la ferveur qu'elle suscite est indépendante de cet arrière-plan politique.

Dans les années 1930, ce climat de défiance vis-à-vis de la Russie communiste – et du communisme en général – ne fait que s'accentuer. Au Portugal, l'époque est marquée par l'émergence de l'Estado Novo, un régime corporatiste dictatorial dirigé par António de Oliveira Salazar. Or le régime salazariste, conservateur et attaché à la religion, est profondément opposé au communisme, comme d'ailleurs au fascisme et au syndicalisme. En Espagne surtout, la guerre civile oppose à partir de 1936 les républicains anticléricaux aux nationalistes qui soutiennent le clergé. Plus de sept mille religieux ou prêtres catholiques, dont treize évêques, ont alors été exécutés sommairement par les républicains. L'Église catholique entre donc dans une profonde défiance vis-à-vis des « Rouges », qu'ils soient communistes russes ou républicains espagnols.

Dans ce climat de lutte du catholicisme contre les systèmes anticléricaux, rien d'étonnant à ce qu'en 1941, la révélation porte à nouveau sur la conversion de la Russie. Les massacres perpétrés en Espagne ont profondément marqué sœur Lúcia, qui ajoute donc cet aspect aux révélations, que ce soit consciemment ou non, ou encore sous l'influence de sa hiérarchie.

Mystère autour du troisième secret

En 1941, sœur Lúcia avait passé sous silence la troisième partie du secret de Fátima, car elle n'était « pas encore convaincue que Dieu l'avait clairement autorisée à agir ». Mais en 1943, la voyante est frappée par la grippe et une pleurésie, les mêmes maladies qui avaient emporté son cousin et sa cousine. Craignant pour sa vie, l'évêque de Leiria lui demande instamment de coucher sur le papier la troisième partie du secret. Sœur Lúcia s'exécute, mais

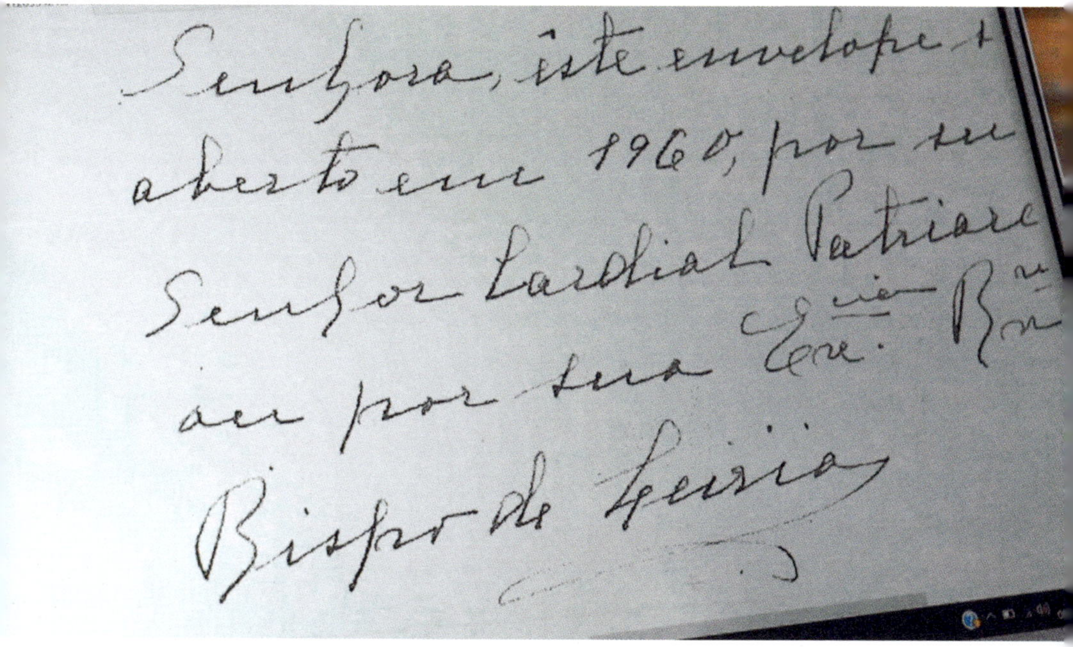
Senhora, este envelope
aberto em 1960, por Su
Senhor Cardial Patriarc
ou por Sua Ex.cia Rev.ma
Bispo de Leiria

Craignant de mourir, sœur Lúcia, sur demande de l'évêque de Leiria, enferme le texte du troisième secret dans une enveloppe scellée, aujourd'hui conservée au Vatican. Le Vatican a fait appel à une paléographe pour s'assurer de la véracité du document. Première difficulté : la lettre est anonyme...

seulement au bout de six mois d'hésitations, en janvier 1944. Elle enferme alors le texte du troisième secret dans une enveloppe scellée. Deux ans plus tard, elle précise que cette enveloppe ne devra pas être ouverte avant l'année 1960, pour la raison que « d'ici là, [le contenu] apparaîtra plus clair ». S'ensuit alors une longue attente, durant laquelle personne ne peut consulter le troisième secret.

En avril 1957, l'enveloppe scellée contenant le secret est envoyée au Vatican. Deux ans plus tard, le pape Jean XXIII et le cardinal Ottaviani ont le privilège de lire le contenu du secret, avant que la lettre ne soit envoyée aux archives du Vatican. Mais alors que tout le monde s'attend à ce que le secret soit enfin révélé en 1960, il se produit un étonnant

13 mai 1967. Une foule impressionnante de deux millions de pèlerins se rend au sanctuaire pour célébrer les cinquante ans de l'apparition, en présence de sœur Lúcia et du pape Paul VI.

retournement de situation : le 8 février, le Vatican informe le monde que contrairement à la rumeur, le secret ne sera pas révélé. Plusieurs raisons sont invoquées : sœur Lúcia est toujours vivante ; le pape connaît déjà la nature du contenu ; l'Église ne souhaite pas garantir la véracité des paroles prononcées. D'après le Vatican, il est probable que le secret reste enfoui pour toujours.

Une telle annonce ne pouvait que déchaîner les passions autour du troisième secret de Fátima. D'innombrables spéculations quant au contenu de la révélation voient le jour. D'après le *New York Times*, les suppositions les plus courantes hésitent entre « une annihilation nucléaire du monde et de profondes divisions dans l'Église catholique romaine qui entraîneraient des rivalités entre papes ». Le 15 octobre 1963, le journal *Neue Europa* de Stuttgart publie ce que le journaliste Louis Emrich prétend être le contenu du troisième secret, qu'il affirme avoir extrait d'un document que le pape aurait transmis secrètement aux chefs d'État des États-Unis, de l'URSS et du Royaume-Uni. Le texte en question annonce notamment qu'« un grand châtiment va arriver à toute l'humanité ; pas aujourd'hui, ni demain, mais dans la seconde moitié du XXe siècle ». Certains n'hésitent pas à prétendre qu'en lisant ce document, les trois grandes puissances auraient signé un accord de suspension des expériences nucléaires ! Bien qu'il ne repose sur aucun fondement factuel, ce faux texte du secret est néanmoins l'objet d'une diffusion extraordinaire à l'échelle de la planète. L'engouement autour des secrets de Fátima ne retombe pas dans les années suivantes. On prétend que le secret contiendrait des phrases terrifiantes, comme « d'heure en heure des millions de personnes mourront ». Enfin, le 2 mai 1981, un pirate de l'air va jusqu'à détourner le vol 164 d'Aer Lingus pour exiger du pape Jean-Paul II qu'il révèle le troisième secret de Fátima ! Quelques jours plus tard devait d'ailleurs se produire un événement que beaucoup relient au secret…

Le mercredi 13 mai 1981, sur la place Saint-Pierre à Rome et alors qu'il se déplace au milieu d'une foule de vingt mille fidèles, le pape Jean-Paul II est victime d'un attentat : un jeune Turc, déjà condamné dans son pays pour assassinat, tire à plusieurs reprises sur le souverain pontife, qui s'effondre. Touché par trois balles, Jean-Paul II est immédiatement emmené à l'hôpital pour y être opéré. Malgré la gravité de ses blessures, aucun organe vital est atteint, si bien que ses jours ne sont bientôt plus en danger.

Or, comme l'attentat s'est déroulé un 13 mai, jour anniversaire de la première apparition mariale de Fátima, Jean-Paul II demande à lire le troisième secret écrit par sœur Lúcia. C'est pour lui une véritable prise de conscience : alors qu'il n'avait jusqu'ici accordé guère d'intérêt aux apparitions de Fátima, le pape estime que l'attentat dont il a été victime n'est rien d'autre que la concrétisation du troisième secret. C'est pourquoi, dès le mois de mai 1982, Jean-Paul II rendra visite à sœur Lúcia dans son couvent, pour échanger avec elle sur le contenu des secrets et des apparitions de Fátima. Estimant que c'est à la Vierge Marie qu'il doit la vie sauve, le pape remet à Lúcia l'une des balles de l'attentat, qui est intégrée à la couronne de la statue de Notre-Dame de Fátima.

Tout le monde espère alors que le pape profite de l'occasion pour révéler enfin le troisième secret de Fátima, mais le souverain pontife garde le silence. Finalement, Jean-Paul II décide de faire connaître son contenu au tournant du nouveau millénaire. C'est donc le 26 juin 2000, après que la lettre et le texte ont été authentifiés par sœur Lúcia elle-même, que le Vatican procède à la publication officielle de la troisième et dernière partie du secret. Ce dernier secret se présente comme une vision allégorique, à partir de laquelle de multiples interprétations peuvent être effectuées. C'est d'abord la vision d'un Ange à l'épée de feu qui est évoquée :

« Nous avons vu sur le côté gauche de Notre-Dame, un peu plus en hauteur, un Ange avec une épée de feu dans la main gauche ; elle scintillait et émettait des flammes qui, semblait-il, devaient incendier le monde ; mais elles s'éteignaient au contact de la splendeur qui émanait de la main droite de Notre-Dame en direction de lui ; l'Ange, indiquant la terre avec sa main droite, dit d'une voix forte : "Pénitence ! Pénitence ! Pénitence !" »

Les secrets de Fátima sont pour Jean-Paul II, victime d'un attentat le 13 mai 1981 à Rome, une véritable prise de conscience.

Lúcia décrit ensuite un évêque vêtu de blanc, qu'elle pense pouvoir assimiler au Saint-Père. Celui-ci participe à une scène de massacre mystérieuse et terrifiante :

« [Nous vîmes] divers autres évêques, prêtres, religieux et religieuses monter sur une montagne escarpée, au sommet de laquelle il y avait une grande croix en troncs bruts, comme s'ils étaient en chêne-liège avec leur écorce ; avant d'y arriver, le Saint-Père traversa une grande ville à moitié en ruine et, à moitié tremblant, d'un pas vacillant, affligé de souffrance et de peine, il priait pour les âmes des cadavres qu'il trouvait sur son chemin ; parvenu au sommet de la montagne, prosterné à genoux au pied de la grande croix, il fut tué par un groupe de soldats qui tirèrent plusieurs coups avec une arme à feu et des flèches ; et de la même manière moururent les uns après les autres les évêques et les prêtres, les religieux et religieuses et divers laïcs, hommes et femmes de classes et de catégories sociales différentes. Sous les deux bras de la croix, il y avait deux Anges, chacun avec un arrosoir de cristal à la main, dans lequel ils recueillaient le sang des Martyrs et avec lequel ils irriguaient les âmes qui s'approchaient de Dieu. »

Une grande révélation ?

De la troisième partie du secret de Fátima, la plupart des gens ont retenu cette vision du Saint-Père exécuté par arme à feu, au pied de la Croix. Dès lors, beaucoup y voient la préfiguration de l'attentat dont a été victime Jean-Paul II le 13 mai 1981. À commencer, semble-t-il, par l'intéressé lui-même, qui estimait que la balle a été déviée par la main de la Vierge Marie, évitant ainsi que la prophétie de la mort du pape ne se réalise complètement.

Cependant, lorsque le troisième secret est révélé au public en l'an 2000, la révélation est accompagnée d'un commentaire théologique effectué par le cardinal Ratzinger, futur Benoît XVI, afin d'« éviter une interprétation sensationnaliste du texte révélé ». Par sa voix, le Vatican affirme que « ce texte constitue une vision prophétique comparable à celles de l'Écriture sainte, qui ne décrivent pas de manière photographique les détails des événements à venir, mais qui résument et condensent sur un même arrière-plan des faits qui se répartissent dans le temps en une succession et une durée qui ne sont pas précisées ». Il s'agit donc d'une vision allégorique, qui doit être interprétée comme telle. D'après le Vatican, la pénible montée du pape et son exécution sommaire représenteraient, non une scène concrète précise, mais bien les souffrances endurées par l'Église tout au long du XXe siècle, en particulier face aux systèmes totalitaires qui l'ont réprimée : « La vision de Fátima concerne surtout la lutte des systèmes athées contre l'Église et contre les chrétiens. Elle décrit l'immense souffrance des témoins de la foi du dernier siècle du deuxième millénaire. C'est un interminable chemin de croix, guidé par les papes du XXe siècle. » Le Saint-Père tué au pied de la Croix représenterait donc les différents papes qui, depuis Pie X jusqu'à Jean-Paul II, « ont partagé les souffrances de ce siècle et se sont efforcés d'avancer au milieu d'elles sur la voie qui mène à la Croix ».

Surtout, l'Église insiste sur le fait qu'il n'est fait dans le troisième secret aucune grande révélation pour l'avenir, et que la vision ne concerne bien que l'histoire de l'Église au cours du XXe siècle. Le secret de Fátima n'offre donc pas de satisfaction à la curiosité des millions de personnes qui

En 2017, lors du centenaire des apparitions, le pape François a procédé à la canonisation de Jacinta et Francisco, à Fátima. La béatification de sœur Luciá est envisagée elle aussi.

espéraient de grandes révélations, voire une vision apocalyptique de l'avenir. Pour beaucoup, la lecture de la lettre de sœur Lúcia est donc une grande déception, au point de faire naître une vaste polémique. Car après tout, si la lettre ne contient pas de révélation majeure pour l'avenir, pourquoi l'avoir gardée secrète si longtemps ? C'est l'authenticité même de la lettre et de son contenu qui est dès lors mise en doute.

Pourtant, la lettre présentée par le Vatican a été authentifiée par sœur Lúcia elle-même quelques semaines avant sa révélation au public. En outre, les experts en calligraphie sont unanimes à reconnaître l'écriture authentique de sœur Lúcia : les différences avec d'autres écrits de la voyante s'expliquent simplement par l'évolution de son écriture au cours des décennies, mais la lettre du troisième secret correspond bien à son écriture des années 1940. Malgré ces preuves, le troisième secret continue de générer bien des fantasmes. Les complotistes les plus acharnés affirment même que sœur Lúcia en personne aurait été remplacée par un sosie dans les années 1950... D'autres auteurs, au terme de travaux très sérieusement documentés, concluent que ce ne serait pas la Vierge Marie qui serait apparue à Fátima, mais bien... des entités extraterrestres !

Si farfelues qu'elles soient, ces théories illustrent l'engouement intact qui règne encore aujourd'hui – parmi les croyants comme parmi les athées – autour des apparitions et des secrets de Fátima. En 2017, un siècle après les événements de 1917, c'est devant un demi-million de personnes que le pape François a procédé à la canonisation de Jacinta et Francisco, à Fátima. Quant à sœur Lúcia, décédée en 2005 à l'âge de quatre-vingt-dix-sept ans, elle fait aujourd'hui l'objet d'un processus de béatification.

Pour la plupart des croyants et pour l'Église, les polémiques n'ont aucune importance. Le message de paix et d'espoir de Fátima est intemporel.

Crédits iconographiques

© Bridgeman Images : 17, 21, 27, 32, 35, 36, 44, 52, 63, 66, 71, 79, 82, 85, 105, 106, 121, 136, 152, 161, 163, 167, 171, 177, 179, 185, 187, 208-209, 240
© Archives Charmet / Bridgeman Images : 239
© Brooklyn Museum of Art / Bridgeman Images : 164
© Dreweatt Neate Fine Art Auctioneers, Newbury, Berks, UK / Bridgeman Images : 190
© Fred de Noyelle/Godong / Bridgeman Images : 253
© Fred Jones Jr. Museum of Art / Given in memory of Roxanne P. Thams by William Thams, 2003 / Bridgeman Images : 172
© Israel Museum, Jerusalem / Bridgeman Images : 183
© Jean Bernard. All rights reserved 2022 / Bridgeman Images : 59
© Jean Dieuzaide. All rights reserved 2022 / Bridgeman Images : 222
© Look and Learn / Bridgeman Images : 46, 100, 113, 188, 197, 243
© Mondadori Electa / Bridgeman Images : 244
© Mondadori Portfolio / Bridgeman Images : 175, 256
© Mondadori Portfolio/Archivio Grzegorz Galazka/Grzegorz Zalaska / Bridgeman Images : 265
© Mondadori Portfolio/Sergio del Grande / Bridgeman Images : 235, 259, 262
© NPL - DeA Picture Library / Bridgeman Images : 60, 181
© Pascal Deloche/Godong / Bridgeman Images : 247, 248
© Paul Maeyaert. All rights reserved 2022 / Bridgeman Images : 254
Art Gallery of New South Wales / Bridgeman Images : 103
Cameraphoto Arte Venezia / Bridgeman Images : 72, 139
Everett Collection / Bridgeman Images : 117
Farabola / Bridgeman Images : 221, 225
G. Dagli Orti / © NPL - DeA Picture Library / Bridgeman Images: 40
Godong / Bridgeman Images : 123, 269
Godong/UIG / Bridgeman Images : 218
Granger / Bridgeman Images : 201
Lebrecht Authors / Bridgeman Images : 215
Lebrecht History / Bridgeman Images : 39, 99, 211, 217
Luisa Ricciarini / Bridgeman Images : 14, 81
Mondadori Portfolio/Electa / Bridgeman Images : 151
Photo © Agnew's, London / Bridgeman Images : 76

Photo © Andrea Jemolo / Bridgeman Images : 149
Photo © Bahnmueller/Imagebroker / Bridgeman Images : 128
Photo © Boltin Picture Library / Bridgeman Images : 146
Photo © CCI / Bridgeman Images : 226, 229
Photo © Christie's Images / Bridgeman Images : 24, 156-157, 198
Photo © Electa / Bridgeman Images : 51
Photo © Fine Art Images / Bridgeman Images : 43, 65
Photo © GaPel/AIC / Bridgeman Images : 145
Photo © Ken Welsch. All rights reserved 2022 / Bridgeman Images : 251
Photo © Photo Josse / Bridgeman Images : 133, 155
Photo © Raffaello Bencini / Bridgeman Images : 22-23
Photo © Richard Bebb Collection / Bridgeman Images : 168
Photo © Whitford & Hughes, London, UK / Bridgeman Images : 213
Photo © Zev Radovan / Bridgeman Images : 118, 127, 206
Photograph © 2022 Museum of Fine Arts, Boston. All rights reserved. / Gift of William A. Coolidge / Bridgeman Images : 114
Pictures from History / Bridgeman Images : 109
Tarker / Bridgeman Images : 31, 94
The Stapleton Collection / Bridgeman Images : 56
Toby Adamson / Design Pics / Bridgeman Images : 131

© Pernel Media : Katia Charpentier / Marie Linton / Sandra Rude : 18, 29, 48, 55, 69, 75, 86, 89, 90, 93, 97, 133, 134, 140, 143, 159, 194, 203, 205, 231, 232, 236, 261, 267
© Alamy : 47
© Pond5 : 110, 124, 193

N° d'édition : P31459/01
Achevé d'imprimer en Espagne par Egedsa